金融機関が行う
私的整理による事業再生の実務
改訂版

日本政策金融公庫
中小企業事業本部企業支援部 [著]

一般社団法人 金融財政事情研究会

はじめに

　事業再生は、何のために行うのでしょうか。

　債権の放棄や劣後化などを行い、損失を計上してまで、金融機関が事業再生に取り組む理由は何でしょうか。

　政策的にいえば、地域の雇用や産業基盤を維持することが事業再生支援の目的の1つといえます。

　ただ、倒産企業の社員の再雇用やサプライチェーンの再構築が円滑に行われるのであれば、当該企業の事業再生は地域にとって不可欠ではありません。

　私は、とあるメーカーの経営者から「なぜ、A社の再生支援を行うのですか。A社が倒産すれば競合先が減り、わが社の事業を拡大することができたのに」と真顔でいわれたことがあります。このメーカーは「A社の社員と仕入れ・外注先／販売先を引き受けてもよい」と考えていたので、本ケースに限れば、A社の事業再生は「地域にとって唯一かつ最善のスキーム」とはいえません。

　また、「返済条件緩和や抜本再生を推進することにより、ゾンビ企業の延命を促すことになる」といわれる方もいらっしゃいます。ゾンビ企業の概念が非常にあいまいなので、慎重に議論をしなければなりませんが、「多くの問題点・弱みを抱え、このままでは倒産してしまう企業」の「よさ・強み」を評価し、当該企業の事業再生を支援していくことは非常に有意義であるといえるでしょう。

　競争力のある製品・サービスを開発し、有能な社員を確保・育成し、円滑に企業活動ができるよう体制・サプライチェーンを整備することは、相当な時間・労力と資金負担を要します。それゆえ、新規創業や自力による新事業進出のように「一から事業基盤を構築する」よりも、事業再生によって「既往の事業基盤を改善して活用する」ほうが、はるかに経済合理性が高いとい

えます。

　また、主要企業が市場から退出すると、「当該市場における供給力の縮小や企業間競争の減退を招き、イノベーションの進展が阻害され、ひいては市場全体の活力が失われる」という事態につながることもあるでしょう。

　このように、地域における当面の雇用確保のみならず、「地域産業基盤の維持・発展」「イノベーションや企業間競争の促進、成熟・衰退化する市場の活性化」といった観点からも、事業再生支援は「わが国や地域経済・産業の持続的発展に欠かせない取組みである」ということができます。

　金融機関の立場からはどうでしょうか。

　「法的整理よりも多くの回収が期待できる」場合には、抜本再生が選択されるでしょう。

　あるいは、「損失を確定することになる」「当面は破綻のおそれがない」「過去の経緯から応じられない」といった理由で抜本再生が見送られるかもしれません。

　このように短期的にみれば、抜本再生の是非の判断は分かれるかもしれません。

　しかし、長期的な観点に立てば、次に示すように「事業再生支援は、当面の損失を補って余りあるリターンが期待され、金融機関の収益に大きく貢献する取組みである」と評価することができます。

① 再生支援先は、新規融資先に比べて財務や企業活動に関する情報の蓄積が豊富で、問題点や実施すべき課題／今後の収支見通しも明確であり、潜在的なリスクも低く、抜本再生後の新規融資の推進が期待される。

② 再生支援先は、新規創業先に比べて事業基盤や経営資源が整備されており、既往内部資源を活用することにより効率的・効果的な事業展開／高収益計上が期待され、有力な融資先になりうる。

③ スポンサーや事業譲受先に対する新たな資金支援により、融資先の拡大／融資額の増加が期待される。

　従前の金融常識・慣行などから、債権放棄や劣後化などに対して抵抗感の

ある方も少なくないと思います。

　しかし、事業再生支援は地域経済・産業の持続的発展に資するだけでなく、縮小・劣化しつつある融資基盤の強化にもつながることから、金融機関にとって非常に有効な手段・手法といえます。

　本書では、事業再生に関する基礎知識や事業再生事例とともに、抜本再生における金融機関の役割や支援のポイントについて紹介しています。

　各金融機関における事業再生支援の取組みに、本書が少しでもお役に立つと幸甚です。

2019年1月

日本政策金融公庫　中小企業事業本部

企業支援部長　**鋸屋　弘**

株式会社日本政策金融公庫

　国民生活金融公庫、農林漁業金融公庫、中小企業金融公庫が統合し、平成20年10月に発足した政策金融機関。国の政策のもと、民間金融機関の補完を旨としつつ、社会のニーズに対応して、種々の手法により、政策金融を機動的に実施しています。

【執筆者紹介】

板﨑　司（Part 1）
　平成4年中小企業金融公庫入庫。大阪西支店（融資）、神戸支店（審査）、情報システム部業務改革推進室、岡山支店（融資）、経営情報部、名古屋支店融資課長、広島支店融資課長、名古屋支援課長、大阪審査室課長を経て、現在、東日本企業支援室室長。

吉田　行康（Part 3）
　平成2年中小企業金融公庫入庫。広島支店（融資・審査）、鹿児島支店（融資）、営業第一部（債権管理・融資）、審査部債権管理課、債権部債権課長（大阪駐在）、企業支援部支援課長（さいたま駐在）、企業支援部総合支援課長を経て、現在、西日本企業支援室室長。

その他執筆協力者
正木　博也（企業支援部支援企画グループ上席グループ長代理）
中島　和浩（西日本企業支援室大阪総合支援課課長代理）

目 次

Part 1 抜本的な再生支援における金融機関の役割と支援のポイント

1 金融機関が行う再生支援とは …………………………………… 3
2 再生支援において金融機関が果たす役割 ……………………… 7
3 再生計画成立に必要な要素 ……………………………………… 14
4 再生支援のポイント ……………………………………………… 15
5 再生支援の心構え ………………………………………………… 27

Part 2 事業再生の基礎知識（Q&A）

第1章 事業再生と私的整理についての基礎知識

1－1 事業再生の意義と必要性 …………………………………… 34
1－2 私的整理と法的整理 ………………………………………… 37
1－3 私的整理に関するガイドライン …………………………… 40
1－4 公的再生支援機関 …………………………………………… 45
1－5 中小企業再生支援協議会の手続の流れ …………………… 49
1－6 地域経済活性化支援機構（REVIC：Regional Economy Vitalization Corporation of Japan）………………………………… 53
1－7 東日本大震災被災者を対象とした再生支援機関 ………… 57

第2章 私的整理による事業再生における主な金融支援手法

2－1 主な金融支援手法 …………………………………………… 62
2－2 債権放棄の概要と留意点 …………………………………… 63
2－3 債権放棄が行われた場合の債務者の税務 ………………… 69

2－4	債権者および保証人の税務	75
2－5	第二会社方式の概要と留意点	78
2－6	第二会社方式の税務	85
2－7	会社分割と事業譲渡	89
2－8	事業価値の算定	92
2－9	DDSの概要と留意点	96
2－10	DESの概要と留意点	105
2－11	DESの税務	109
2－12	再生ファンドへの債権譲渡の概要	111
2－13	再生ファンド活用時の税務	118

第3章 金融機関による事業再生支援の流れと再生計画書の検討

3－1	金融機関による事業再生支援の進め方	128
3－2	対応方針の検討	131
3－3	実抜計画と合実計画	139
3－4	財務DDの内容とチェックポイント	146
3－5	事業DDの内容とチェックポイント	154
3－6	再生計画書の内容	157
3－7	再生計画書のチェックポイント	162

Part 3 私的整理による事業再生事例

1　［製造業］地域の異なる店舗網を別のスポンサーに譲渡し再生
【第二会社方式（実質債権放棄）】 169

2　［旅館業］前経営陣の干渉をDESで克服して再生【第二会社方式
（実質債権放棄）・DES】 177

3　［製造業］スポンサー出資とメザニン融資の組合せで再生【第二
会社方式（実質債権放棄）】 185

4 ［製造業］再生ファンドと連携して大幅業績不振先を再生【DDS】
 ……………………………………………………………………… 193
5 ［製造業］再生ファンドへの債権譲渡と新規融資を組み合わせた
 再生【不等価譲渡】……………………………………………… 201
6 ［製造業］新会社の資本金維持とガバナンス維持のためDESを活
 用して再生【第二会社方式（実質債権放棄）・DES】…………… 208
7 ［製造業］大口債権者の単独DDSにより他金融機関の積極支援を
 引き出し再生【DDS・新規融資】………………………………… 215
8 ［製造業］既存の許認可を活かすため、現法人格を残して再生
 【債権放棄】………………………………………………………… 222
9 ［製造業］スポンサー型第二会社方式案件を特定調停で迅速に処
 理し再生【第二会社方式（実質債権放棄）】……………………… 229
10 ［卸売業］DDSによる支援を受けた計画進捗不芳先を経営破綻前
 に事業譲渡し再生【第二会社方式（実質債権放棄）】…………… 236
参考：［製造業］早期段階での事業再生事例
 経営者に早期の事業再生を促し、資金繰りの安定化につなげた取組
 み ……………………………………………………………………… 244

［お断り］
 税務に関しては、執筆時点の税法等に基づき記載していますので、実際の税制等の適用
に際しては、税理士等の専門家に相談のうえ、検討するようにしてください。

Part 1

抜本的な再生支援における金融機関の役割と支援のポイント

現在では、多くの金融機関において、中小企業に対しても、債権放棄や不等価での債権譲渡を伴うような、外科手術ともいうべき抜本的な再生支援が行われている。

　抜本的な再生支援では、①企業の実態財務と正常収益力を見定めること、②そのうえで再生の可能性を検証すること、③必要とされる金融支援を検討し、真に実効性のある計画書を策定することが中核となる。また、再生計画策定が完了した後では、計画の確実な実行を担保するモニタリング（PDCAサイクルのうち、CAの部分）がきわめて重要であり、計画の策定・実行と同様に経営改善支援の視点は欠かせない。この点は、本書同様、日本政策金融公庫中小企業事業本部企業支援部著の『金融機関が行う経営改善支援マニュアル（第3版）』（金融財政事情研究会）を参考にしていただければ幸いである。

　また、再生支援を進めるにあたっては、公認会計士、弁護士、税理士、中小企業診断士等の専門家を活用することが多くあるが、専門家が作成した資料をそのまま受け入れるだけでは、再生は覚束ない。再生計画策定にあたっては、企業と長年リレーションを築いてきた金融機関が主体性を発揮し、専門家が作成する資料（財務や事業のデュー・デリジェンスや計画書等）にも注文を出し、企業にとってより実現可能性のあるものにすることが求められる。資料をチェックするためには、経営改善支援についての知識と経験が重要となる。再生支援は個別具体的な仕事であり、教科書的な型にはめ込むだけで解答が出るものではない。

　以上のようなことは、事業再生に2、3年携わるなかで、経験的にわかってくることではあるが、本章では、新たにこの業務に携わった人が、無用な遠回りをしなくてすむように、再生支援の概要についてまとめている。また、中小企業再生支援協議会（以下、「協議会」という）等の再生支援機関の利用も一般化してきた現在においては、支店の融資担当者としても、この程度の内容を理解しておかれるとよいだろう。

1 金融機関が行う再生支援とは

(1) 正常化に近づける

① 融資対応できるようにすることを目指す

　金融機関が行う再生支援とは、主に、条件変更（リスケジュール）中の企業を、当初約定に復帰させる、既往借入れを借り換えるなどで、条件変更から脱却させることを目指すものだといえる。もちろん、企業がそのままで存続できない場合は、一部であっても事業と雇用が維持できないかを検討することになる。また、条件変更に陥る前に、今後の業況悪化を防ぐために行う、予防的な経営改善支援が重要なのはいうまでもない。

　本章では条件変更からの脱却を中心に考えていく。つまり、企業にとって必要な資金があれば、特段の金融機関調整を経ずとも、金融機関単独の判断で融資可能（企業からいえば、調達可能）という、条件変更に至る前の状況に戻すということである。たとえ、企業の努力で収支改善は可能だったとしても、取引各行が自然に足並みをそろえ、条件変更から正常返済に戻して、新規融資を行っていくということはなかなかないだろう。金融機関としては、条件変更中の企業に対しては、貸付残高の維持が支援の限界であることが一般であり、他行の動向を把握せず、単独で前向き融資に切り替えるということは、行いにくいからである。また、自助努力による改善についても、企業に任せるだけでは、時間がかかってしまいがちである。ここに金融機関が果たすべき役割がある。

　一方、企業にとって、条件変更を継続していれば、当面の資金繰りには問題ないかもしれないが、長期にわたり条件変更を継続するなか、望ましいかたちで事業が継続できるとは限らない。なぜなら、条件変更中には原則新規融資はできないため、設備維持更新のための投資もキャッシュフローの範囲内の最低限のことしかできなくなる、このため、競争力確保のために必要な

まとまった資金が調達できず、そして、競争力そのものが失われるということになるからである。ここに、企業と金融機関がともに、正常化を目指す理由がある。すぐに正常化できない場合でも、正常化に近づける取組みが求められる。

そのためには、まず信用格付をランクアップさせることを考えなければならない。

② 信用格付のランクアップ

通常金融機関として、信用格付が「破綻懸念先」の企業に融資を行うことはない。これは、返済の確実性について懸念が大きい企業には融資できないということだが、別の言い方をすれば、新たに融資することが貸倒引当金をさらに積むことになり、金融機関の決算上もマイナスになるため、対内的にも、対外的にも説明が困難なためである。したがって、信用格付のランクアップやいかにランクダウンしないようにできるかということが重要になる。

また、倒産企業に対しては、どのようにして回収の極大化を図るかという観点で臨むが、再生支援は、事業の存続を前提にした試みであるから、支援の結果、信用格付がどのように変化し、金融機関の貸倒引当金がどう変化するかを考えなければならない。

信用格付が「破綻懸念先」であれば、個別貸倒引当金を積んでいるから、大雑把な言い方をすると、その引当金の範囲内での金融支援（DDSや債権放棄）であれば、格付がアップし、引当金を戻入れすることができれば、金融機関の決算上はプラスになる。逆に、信用格付が「その他要注意先」であれば、その格付に応じた一般貸倒引当金しか積んでいないから、この格付の企業に金融支援を行うと、その段階で、損失を初めて認識することになるため、通常条件変更を上回る支援はできない。

もちろん、不動産担保等で保全されている残高は、企業が破綻した場合でも回収可能であるため、保全を上回る金額の金融支援を行うことは原則できない（有担保DDSという例外はある）。これらは経済合理性の観点であり、金

融機関としても、対外的に説明ができる金融支援しかできないのは当然である。

(2) 再生計画の策定

　企業にとっての計画書の意義で最も重要な点は、全社的にPDCAサイクルを回していくための土台をつくるために不可欠ということである。一方、金融機関にとっては、計画書の策定を通じて企業を支援するという大義はもちろんだが、より直接的な言い方をすれば、顧客が不良債権化するのを防止するという効果が計画書にあるということである。これは将来の支援への道を閉ざさないようにするということで、企業にとっての意義にも直結するものである。

　このため、金融機関が行う再生支援では、実績決算では「破綻懸念先」や「要管理先」となる先を「その他要注意先」に位置づけることのできる計画書の策定が中心となる。具体的には、協議会の数値基準を満たす実抜計画（実現可能性が高く、抜本的な経営再建計画で、3年以内黒字化、5年以内債務超過解消、債務超過解消時点での債務償還年数［キャッシュフロー倍率］10年［倍］以内を満たすもの）や、合実計画（合理的かつ実現可能性が高い経営改善計画で、実抜計画の数値基準のうち、債務超過解消年数を10年以内まで、つまり計画期間10年まで許容したもの）を目指すことになる。こうした計画は、貸倒引当金を抑制、減少させるもので、金融機関の決算にプラスになり、企業側からいえば、支援の継続を受けやすくなることを意味する。

　たとえば、現在、債務超過で収益状況も芳しくない条件変更中の企業が、経営改善努力により、10年後には、債務超過を解消できると想定してみる。こうした企業が、計画書の策定をしていなければ、現段階での信用格付は「要管理先」か「破綻懸念先」で、「その他要注意先」にランクアップできるのは、10年近く経過し、債務超過解消が目前に迫った段階になるだろう。また、それまでの間、金融機関が前向きに融資を検討する可能性は少ない。

　しかし、数値基準を満たした計画があれば、早ければ、計画を策定し取引

行がこの計画に賛同した時点で、「その他要注意先」へのランクアップを検討することができるだろう。また、計画に沿った実績推移があれば、借換え等の前向き融資の検討が可能となる時期も、計画がない場合よりもはるかに前倒しできるだろう。これが計画策定の効果である。

計画の策定は、"絵に描いた餅"といわれるような、数字だけつくることなら、むずかしくはないが、正常収益力を見極めたうえで、企業にとって実現可能な計画を策定することは簡単ではない。また、再生支援の目的は、企業を一度ランクアップさせることではなく、計画に沿った実績推移を続けさせ、正常化を目指すことである。計画はできても、実績が常に一定以上下回るようであれば、ランク維持もできなくなり、当社をはじめ再生支援に関与した金融機関等も敗北感を感じ、顧客に対する支援姿勢が後退することにもなりかねない。この意味で、再生支援（計画策定とその実行支援）は、中長期的な展望をもって取り組まなければならない。

具体的な手順としては、財務デュー・デリジェンス（詳細な実態把握のこと。以下、デュー・デリジェンスは「DD」という）と事業DDにより、実態財務と正常収益力を見定めたうえで、計画策定を行う。リスケのみでは実抜計画や合実計画の策定も困難な場合は、DDSや債権放棄等のいわゆる抜本策を検討するという流れになる。ただ、取組み当初の時点で、抜本策まで想定される案件になるかどうかのメドをつけたうえで、行内調整も図っていく必要がある。

ところで、金融検査マニュアル上、「その他要注意先」へのランクアップが可能な、たとえば協議会の数値基準を満たす計画書を再生計画と呼び、満たさないものを経営改善計画と呼ぶ例もあるが、ここで厳密に区別する必要もないので、本書では特に使い分けてはいない。

なお、計画を策定しても、金融機関の残高（特に非保全残高）以上に実質債務超過が大きく、また、取引金融機関が抜本策に取り組めない理由があるなどで、債務超過解消のメドが立たない場合も実際にはある。このような場合は、「その他要注意先」へのランクアップはできず、したがって、計画を策定しても、正常化までの道筋はつけられない。しかし、それでも、一定以

上のキャッシュフローは創出できる企業で、事業継続できるだけの投資はなんとか行うことができ、返済計画も十分立てられる企業であれば、計画策定を行う意義は認められる。

　条件変更しながらであっても、一定の期間内（一般的には20年程度と考えられる）で返済でき、事業継続が可能なことについて、取引金融機関が認識を共有化するだけでも、企業および金融機関の双方にとって相応の意味はある。本章では、「その他要注意先」へのランクアップを目指すべきとの前提で説明しているが、事業継続に新規融資が不可欠とまではいえない企業にとっては、「破綻懸念先」から「要管理先」に移行できるだけでも、条件変更での支援継続に向け足並みがそろうという意味があるためである。

　このため、財務DDを行った段階で、予想以上に実質債務超過額が大きいことが判明し、「その他要注意先」までのランクアップが困難という実態が明らかになった場合には、すぐに計画策定をあきらめるのではなく、企業の事業継続に向けて計画策定に実質的な意味があるかを考えることが大切である。数値基準を満たさない計画であっても意味がないわけではない。

2　再生支援において金融機関が果たす役割

　再生支援が必要な企業は、過剰債務の状態に陥っているから、ほぼ例外なく、金融機関として果たすべき役割がある。ここでは、特に、金融機関に期待される役割を述べる。以下の(1)～(3)のすべてに関与できるという点で、取引金融機関以上の存在はない。

　特に、再生に着手すべきタイミングを指摘するとすれば、多くの企業をみてきた金融機関が最適である。

(1)　再生への早期着手を促す

　企業衰退の兆候は、一般的には収支低迷からはっきりしてくる。さらに、

赤字が連続するようになると、自己資本が毀損し債務超過に転落、新たな資金調達も困難になるなか、現預金も底をつき、支払の猶予が必要になるといった事態に至る。つまり、P/Lの悪化→B/Sの悪化→資金繰りの悪化という過程をたどる。P/Lの悪化は、経常利益段階の赤字と営業利益段階や粗利段階の赤字に分けられるが、営業利益段階から赤字になるようだと、B/Sの悪化や資金繰りの悪化に至るスピードが速くなる。また、営業利益が赤字であれば、たとえ金利減免を行っても赤字であることに変わりがないため、そのままでは協議会への相談や金融支援の対象とすることが困難になる。B/Sの悪化にも、実質債務超過の程度等で病状の深刻さには差がある。また、資金繰り面でも、社長の個人資金の投入でまかなっているケース、知人借入れ等があるケース、仕入債務の支払を延長してもらっているケース、社会保険料や税金を滞納しているケース、給料の遅配が始まっているケース等さまざまである。以上のようにさまざまな段階があるが、遅くとも営業利益が黒字で、かつ、借入金の元金返済をストップすれば、資金繰りは回り、改善活動に注力できる時間が確保できる段階で、再生に着手すべきである。

　経常利益段階で収支トントンといった程度であれば、多少時間はかかっても、経営改善支援による収益向上に期待してもよいかもしれない。また、多少の債務超過なら、条件変更対応だけでも数値基準を満たす計画策定は可能だろう。しかし、債務超過が大きくなると、DDSの検討も必要になる。さらに、経営改善施策をふまえた正常収益力を前提にしても、借入金や債務超過が大きすぎ、自己資本とみなせるDDS実行額をふまえても、債務超過解消のメドが立たず、返済見通しが超長期になるようであれば、債権放棄を伴う金融支援も必要となり、計画書（金融支援）の内容も取引各行が簡単に同意できるものではなくなる。そもそも、資金繰り破綻が迫っていれば、私的整理はもちろん民事再生も不可能ということにもなる。時間が経つほどに、経営者だけでなく従業員にも、そして取引金融機関にも、大きな痛みを伴うことになるので、できるだけ早期に再生に着手させることが必要である。

　通常、条件変更を始めて3年以内には、再生（支援）に着手すべきであ

る。条件変更は企業にとっても例外的な状態である。業種にもよるが、新たな資金調達が困難ななかで、事業を長期間継続させることは困難のため、本来一刻も早く、再生させなければならない。実際、当初の条件変更から３年を過ぎると、条件変更が長期化し、自力再生の可能性が低くなることが観察される。

(2) 早期再生に向け経営者をやる気にさせる

　残念ながら、経営者が資金繰りに困難を感じていない早期の段階では、再生に本腰を入れてくれず、資金繰りが回らなくなった状態になってはじめて、本気になる経営者が多いものである。これは、経営者は一国一城の主であり、自社のことは自分が一番よく知っているという自信や過信があること、プライドが高く指図されるのを嫌がること、信頼できる助言者がいないこと、大半の経営者にとって、再生局面での経営について経験がないことのほか、再生支援のなかで求められる経営責任を考え、自らの保身を考えるなどの理由があげられる。このため、まずは経営者をいかに説得するかが勝負となる。

　ただし、再生局面でも即断即決で物事を進める経営者もいる。協議会の活用等について、その場で結論を出す人である。優秀な経営者は皆せっかちだというのは再生局面でも真実である。再生局面では、決断がつかない、決断を後回しにする経営者が多いなか、こうした経営者が率いる企業は、再生の可能性が高いと感じる。少なくとも、待っているだけで、事態が改善することはないため、決断することによるマイナス面を恐れるのではなく、決断しないことによるマイナス面こそ恐れるべきだろう。

　再生は経営者次第である。経営者が行った努力の程度とは関係なく、他の人が経営者だったら、業績面で違う展開がありえたかということでもなく、外部環境を言い訳にせず、出た結果の責任は経営者にあるという認識をふまえた覚悟が求められる。よくいわれることだが、再生局面における経営者の姿勢として、①感謝の気持ちをもっていること、②反省し、謝罪することが

できること、③あきらめないことが重要である。特に、悪質な仮装経理を行っていた企業では、経営者の本心からの謝罪がない限り、再生に向けたスタートは切れないといえる。

　金融機関の役割は、自律的に判断できず、また、意欲に欠けるというのでもない、悩んでいる経営者をサポートすることだろう。ここでは経営者のやる気を問題にするのではなく、私たち金融機関職員がどのような姿勢で臨めば、経営者が変わる可能性があるか、経営者に対して説得力をもつことができるかを考えてみる。ただし、一言でいえば、人間力ということであり、こうしたらこうなるという世界ではない。

　①　"あるべき姿"を共有する

　"あるべき姿"に復帰させたい、到達したいという思いこそ、改善の原動力だ。"あるべき姿"というイメージがなかったり、ぼやけてくると、その力が働かない。加えて、条件変更で資金繰りが回っている状態が当たり前という感覚になると、このある意味ぬるま湯の状態から脱却しようとする意欲自体がなくなってしまうおそれがある。

　そもそも、経営とは、"あるべき姿"に現実を近づける取組みである。常に、いまより高い次元を目指し、現実とのギャップを認識しながら、ギャップを埋めていくことである。そこを目指し続けるという動きのなかに、経営者や企業への求心力が生まれる。

　経営上の問題等をクリアにするうえで効果的な手法であるSWOT分析やバランス・スコアカード等を使い、"あるべき姿"を示したうえで、経営者に現状とのギャップを認識させること、自己保身ではなく、事業と雇用を守るという経営者としてのプライドに訴えることを試してみよう。

　②　後継者へのバトンタッチを考えさせる

　後継者が決まっていても決まっていなくても、企業にとっては、できるだけよい状態で次世代へバトンタッチできる状態をつくっていくことが大切である。それは、事業に魅力があるということだけでなく、収益力に見合った借入れになっているか、資金調達力があるかということも重要な要素であ

る。再生局面にある企業においては、なおさらのことだ。

　社長の年齢を問わず、いまよりよい状態で後継者へバトンタッチできる状況を早くつくっていけるよう、動機づけしていくことが大切である。事業継続を前提にした企業経営において、経営者は創業者以外すべて"中継ぎ投手"である。試合を壊さず、次につないでいくという責任をもっている。

　なお、将来の後継者として想定している人物が経営者の子息である場合は、経営者としての責任感に親子の情も加わるので、再生に着手しなければならない必要性について、前記説明はより説得力をもつはずである。

③　現状を正しく認識させる

　再生への着手が遅れる理由の1つに、経営者が債務超過という状況を深刻に考えていない点がある。中小企業のなかには、利益が出せる状況でも、経営者が節税を優先したため、自己資本が蓄積されていない企業が多く存在する。利益が出ているときにはさほど問題が表面化しないかもしれないが、収支が低迷すると、金融機関の融資姿勢は厳しくなる。こうした状況で、条件変更に陥れば、収支が改善しても、なかなか取引を正常化することはできない。それは、金融機関が、企業の返済力を、営業活動によるキャッシュフローだけでなく、事業を清算したと仮定した場合の弁済力をも含めて評価しているからである。資産を精査したうえで、実質的に債務超過ということになれば、B／S上での弁済力は認められないため、金融機関としては、このような企業に対する評価は厳しくなる。

　以上をふまえて考えると、資金繰りにはさほど問題のない状況であっても、債務超過に陥っていれば、計画策定等、再生に向けた動きに着手すべき段階にあるといえる。経営者には、債務超過の問題点についても正しく認識してもらい、再生への早期着手を促すことが大切である。

④　再生支援では経験と情熱が重要

　迷う経営者は、私たちに、何かをすることのメリット、デメリットを聞きたがるものである。実際は、現状を変えない、決断しないことが最大のデメリットを生むわけだが、そうしたことも含め、経営者に対し自分自身の言葉

で専門用語を使わずわかりやすく具体的に説明することが、経営者を動かすことにつながる。このため、経験があるにこしたことはない。

　しかし、それ以上に、金融機関の職員として、「1社でも多く再生させる」という情熱をもっていることが大切である。これは、「1社やっておけばよい」という感覚ではなく、金融機関としての、地域社会に対する使命感に基づいた目標といってよいだろう。再生支援業務に携わる職員にとっても、出会いのある企業は限定されている。自分と出会った企業を1社でも多く再生させたいという思いは、この仕事に携わるものの使命感であり、誇りであるべきだろう。

　論理的に説明できることではないが、経営者を動かすのは、言葉の巧拙ではなく、相手の話をじっくり聞いたうえで、しっかり考え、本当にそう思うことを語ることである。人は、説明者が本当に思っていることを語っているかどうかはわかるものだ。説得する側の情熱、本気の思いが、最も経営者を動かすのである。

(3) 再生スピードを上げる

　条件変更を行うことも、再生に必要な資金や時間を確保するために必要なことだが、それだけで事態が改善することはない。赤字を黒字に、黒字を借入れ負担に見合ったレベルまで大きくするための活動が必要である。確保できた時間を有効に活用する取組みである。

　再生スピードを上げるために、企業としては、売上増加や収益源の確保策、コストコントロール、ムダの排除など、さまざまなことを行わなければならないが、ここでは、一方の当事者である金融機関が、過剰債務をどうするかという問題を扱う。

　DDSで借入れを劣後化することを例に考えてみよう。実抜計画や合実計画と認められるための数値基準を持ち出すまでもなく、社長一族の個人資産（中小企業特性）をふまえても、実質債務超過解消に10年以上かかるような状態のままでは、再生とはいえない。しかし、借入れを劣後化すれば、合実計

画といえる計画を策定することができ、「その他要注意先」へのランクアップが可能になる企業も存在している。

　債務超過解消に20年以上かかり、返済力が50年以上の企業であれば、このまま条件変更だけを継続しても、10年経っても、20年経っても、一定の借入れが残っていることは間違いない。そして、こうした状態であれば、その間、融資対応できる可能性は高くはないだろう。しかし、債務超過が10年以内に解消するよう、それを上回る金額を劣後化（DDS）すれば、企業の自助努力で20年後、30年後に成し遂げることになる姿を、金融機関が行う信用格付では先取りすることが可能になる。計画の進捗がよければ、融資対応の可能性も開けてくる。DDSの場合は、債権をカットするわけではなく、DDSを行わない場合であっても、実際には返済力に応じた返済しか受けられないわけだから、DDSを行いランクアップさせたほうが、理屈のうえでは、金融機関、企業ともにメリットがあるはずである。そのような候補先がある場合は、真剣に検討する価値がある。

　このように、金融機関の役割は、再生スピードを上げることである。20年かかることは10年で、10年かかることなら5年でというように、"あるべき姿"まで近づける一翼を担う役割である。

　たとえば、融資の場合、企業が設備投資をすべて自己資金でまかなおうとすると10年待たなければならないとしても、毎期一定のキャッシュフローが見込まれるのであれば、金融機関が設備資金を融資すれば、いま、投資を行うことができる。これは増加運転資金の場合も同様で、いずれも成長スピードを上げることにつながる。これらが、「金融機関は時間を貸す」といわれる意味であるが、再生支援の場合においても、再生が実現したといえる時点を前倒しできれば、時間を貸すのと同じ効果をもつ。競争社会で企業が生き残るためには、同じことなら、少しでも早く実現できたほうがプラスであることは間違いない。金融機関は、計画策定や金融支援を通じ、企業に対して、再生を促進させる役割を果たすことができるのである。

3 再生計画成立に必要な要素

　再生計画の成立に同意し、金融支援を行う場合の判断基準は、次の5つであり、どれも等しく重要な観点である。
・「透明性」……手続の透明性が確保されているか。
・「衡平性」……債権者間の支援バランスや、金融支援と経営者責任や株主責任とのバランスがとれているか。
・「実現可能性」……再生計画の実現可能性、取引金融機関の同意見通し。
・「政策性」……雇用や産業基盤の維持等。
・「経済合理性」……清算時以上の回収が確保されているか。
　「透明性」は協議会をはじめとした第三者機関が関与していれば、手続の透明性や客観性は確保されており、通常問題はない。
　「衡平性」について、金融支援と経営者責任とのバランスでは、債権放棄等を伴う支援であれば経営者の退任や私財提供といった一定の目安が存在するが、経営者責任の求め方と、各取引金融機関の間での支援の衡平性は、再生支援を進めるうえで、検討に時間がかかる問題である。
　「実現可能性」は、計画策定に至るまでの過程で、判断することは可能である。専門家から計画書案の提示があった段階では、遅くとも判断できるだろう。金融機関として的確に判断するためには、専門家任せにしないことが大切である。アクションプランが策定されているか、従業員の行動を変えるような具体的な施策が盛り込まれているか等の観点である。また、計画書をチェックするうえでは、十分な根拠なく、売上げが右肩上がりの計画になっていないか、人件費削減等を続けたままで、人のやる気や雇用確保等に配慮が不十分になっていないかといった点に注意が必要である。これは、バランス・スコアカードの視点でチェックすることが有効である。もちろん、計算ミスも見落とさないようにしなければならない。

「政策性」については、雇用維持の観点から、事業再生を支援する政策的意義がないケースはまれであり、問題になることは少ないと思われる。

　「経済合理性」は、金融機関への要請が条件変更であれば通常大きな問題はないが、抜本策の場合、金融支援の内容とその可否を左右することになる要素として検討が必要である。「経済合理性」は法的整理の場合との比較で決まる。もちろん、法的整理の場合の回収を上回ることにならなければ、私的整理に応諾することはできない。ただ、破綻寸前の状態であれば、金融機関として貸倒引当金は積んでいるはずであり、主要行として最後まで支援してきていれば、担保による保全も不十分なケースが多いと思われるから、このような場合は、抜本策を含む再生支援を検討すべきだろう。

　以上で述べた観点をふまえ、早期着手を原則としながらも、条件が整わない企業を完全に除外することなく、多少時間がかかっても、条件を整えていく地道な作業も必要である。

4　再生支援のポイント

　再生支援を行うとしても、一金融機関だけでできることには限界がある。外部専門家や第三者機関をいかに活用するか、他の金融機関といかに連携するかが最大のポイントとなる。

(1)　候補先の選定は面談を重視

　再生支援を優先的に検討すべき先としては、残高が大きい先になるが、条件変更を行っている先は、少なくとも年に何回かは直接面談する機会があるはずだから、こうした接点を大切にし、経営者の再生意欲や今後の見通しをふまえた再生可能性を確認しながら、再生への働きかけを行うべきである。

　これらは過去の数字だけではわからないことも多く、再生支援の優先順位を決めるためには、面談の必要がある。今期決算の着地見通しをふまえるだ

けでも、候補先選定における確度は上がるだろう。

　企業は生きている限り、変化する。悪い方向だけでなく、良い方向にも変化するため、候補先の選定についてはあまり決めつけることなく、定点観測していったほうがよいだろう。

　また、下位行のポジションであっても、企業にはなんらかの投げかけを行うことが大切である。企業がやる気になれば、そのやる気がメイン行に伝わることもある。再生に向けた種子は蒔いておくべきである。

(2) 中小企業再生支援協議会の活用

① まずは中小企業再生支援協議会の活用可能性を検討する

　事業再生を支援する第三者機関としては、各都道府県に所在し、取り扱う件数も多く、間口も広いため、まずは、協議会の活用を検討する。さらに案件が高度化した場合は、地域経済活性化支援機構（REVIC）が相応しいケースがある。一般的には、事業の毀損度合いが激しい場合、海外子会社等の調査が必要な場合、運転資金が枯渇している場合、取引金融機関が多くの県にまたがる場合等は、REVIC向きといえる。一方、規模もさほど大きくなく、取引金融機関数も少なく調整の必要があまりないケースで、債権放棄、DDSといった抜本策の必要がないのであれば、経営改善支援センターの活用も有効である（経営改善支援センターでも、金融支援の内容が制限されているわけではないが、抜本策の実例はほとんどないようである）。

　ここでは、活用度合いの高い協議会について説明する。協議会への相談にあたっては、営業利益は出ており、取引金融機関が元本返済猶予を行えば資金繰り破綻は避けられ、実抜計画や合実計画の策定が可能とみられる先で、取引金融機関数が多く第三者機関が関与したほうが調整しやすく、自行が一定の残高シェアを有している企業から選ぶことが一般的である。しかし、あまり絞り込んで考えると、候補案件を抽出する前に、こぼれ落ちてしまうことになる。原則として協議会の関与を検討できないか考えてみる姿勢のほうが、候補先の広がりがある。

② 中小企業再生支援協議会の再生支援スキーム

協議会には、現在、「従来スキーム」「簡易(新)スキーム」「検証型」という3つのスキームがあり、それぞれ実抜計画、合実計画のほかに、暫定リスケ(計画)が存在する。

協議会設立以来の基本的な支援スキームが、現在、「従来スキーム」といわれているものである。協議会が外部専門家に依頼し、DDを経て、計画が策定される。キックオフから取引金融機関に計画(金融支援)への同意を求めるまで、3回程度のバンクミーティングを重ね、半年程度の期間を要することが一般である。

「簡易(新)スキーム」は、平成24年4月の「中小企業金融円滑化の最終延長を踏まえた中小企業の経営支援のための政策パッケージ」の「企業再生支援機構と中小企業再生支援協議会の機能及び連携の強化」に伴い開始されたものである。協議会が関与し再生させることができる企業を増やすため、DDと計画書はメイン(持込み)行主導で作成し、協議会の場で、取引各行に対し計画への同意を要請するもので、バンクミーティングは計画書の説明のために1回開催されるだけということが一般である(特に、議論を呼ぶような内容でない場合は、取引行の了解が得られれば、バンクミーティングを開催しない場合もある)。金融支援としては、長期リスケでの計画策定が中心になるが、メイン行のみがDDSを行うといったケースでも利用されている(簡易(新)スキームでも、金融支援の内容が制限されるわけではなく、どのような運用がなされるかは、協議会次第である)。

また、協議会への持込み行や企業が専門家に依頼して作成した計画書を、協議会の依頼で、外部専門家が検証するという、いわゆる「検証型」もある。

さらに、再生には抜本策(DDS以上の金融支援)が不可避だが、現時点では営業利益も出ていない、また将来の上振れ要素が大きい等、正常収益力を見極めてからでないと、計画策定が困難な場合は、とりあえず3年間の黒字に至るまでの「暫定リスケ(計画)」に取り組むこともある。これは、3年

以内に抜本策が可能な状況になれば、抜本策に取り組むという含みがあり、金融機関にとっては、その間、金融支援に対応できるよう、個別貸倒引当金を積むといった対応が期待される。現時点では中長期的な見通しが立たない企業について、ひとまず、再生可能性がある先という目線で金融調整を図るという機能はあり、一定の利用件数がある。「暫定リスケ（計画）」は、ある意味、緊急避難的な措置ではあるが、メイン（持込み）行は、金融支援が可能な状況になった場合は、抜本策を検討するものと期待されるので、安易に考えることは禁物である。

なお、上記スキームのなかで、「暫定リスケ（計画）」は、協議会の数値基準を満たすことを想定したものではなく、信用格付のランクアップにはつながらない。また、企業の費用負担の点では、通常、従来スキームが最も大きくなる。ただし、調査事項が多い企業や抜本策が不可避な企業など、従来スキームで取り組む必要がある場合は、費用の問題で、取組みが遅れることは避けるべきである。そのためにも、資金繰り面で多少とも余裕がある段階での再生への着手が望まれる。

取引金融機関ごとに、企業の実態債務超過の見方等が異なるようでは、足並みをそろえることは困難なため、協議会関与のもと、DDを行うことは、再生（計画策定と将来の正常化）に向けたスタートとして、きわめて重要な意味があり、協議会を活用する意義の一定部分がこの点にあるといえる。

③ 中小企業再生支援協議会と地域性

各協議会には、以下のa～dのように類型化できる特徴がみられる。

a 金融調整にあたって原理原則を貫く

衡平性に対する信頼度は高い。ただし、金融支援のバランス等について、持込み行の方針を斟酌してくれることも少ないので、協議会に相談するにあたっては、覚悟も求められる。

b 地元行中心でまとめる

地元行同士の関係が良好な場合は調整が早いというメリットがあるが、調整の範囲が限られ、取引行に他県の金融機関が多い場合の対応にむずかしさ

がある。

 c 金融調整は持込み行に依存している

　金融機関の数が多い地域にみられる。事前に、主要行の意見を確認しあってから、協議会に持ち込んだほうが後戻りが少なくてよいだろう。

 d メイン行が主導する

　地元のトップ行がリーダーシップを発揮するタイプである。メイン行だけでも抜本策を実行するという姿勢があり、まとまりやすい一方、地元トップ行の支援対象に入っていない企業の場合は、再生を進めにくい場合がある。

　以上は、優劣を論じているわけではない。各都道府県の地域性のなかで、こういった特徴が生じているということである。もちろん、リーダーシップがあり、多岐にわたる金融機関に対し調整力を発揮する強力な協議会も存在する。これは、その協議会がそれだけの経験を有し、金融機関との協力関係を構築してきているということである。協議会は地域の再生レベルを表す存在である。地域の金融機関の再生支援における経験値が上がれば、協議会の力も強力になる。金融機関としては、自らが当事者として、地域の企業の再生を考えると同時に、各協議会の特徴を知りながら、活用することが大切である。

　なお、営業利益も出ておらず、金融機関の足並みもバラバラという段階では、どの都道府県の協議会であっても、すぐに対応するのは困難である。

 ④ バンクミーティングでの意見調整

　協議会関与の有無に限らないが、バンクミーティングでの質疑応答の時間には、発言に意識的にならなければならない。質疑応答で何も発言しないと、「反対なし」との雰囲気が醸成されてしまうことになるので、注意が必要である。後日、質問を出しても、多勢に無勢、軌道修正させることが困難になる。わが国は、金融機関同士にかかわらず、横並びを意識することが強い社会のため、疑問に感じたことは、その場で発言し、参加者には少なくとも、「いろいろな意見がある」という印象をもってもらうことが大切である。また、よほど自行の利害を中心とした発言でない限り、同じような意見

をもっている出席者もいるものである。

　なお、気をつけなければならないのは、協議会も含め、特に抜本策の経験者が少ないケースである。後で思わぬ障害が見つかるケースもある。たとえば、単純な計算ミスということもあったり、非保全があるはずの金融機関が、計画案提示後に、フル保全だったことが明らかになったり、その逆ということもないわけではない。このようなことがあると、計画そのものや各行の金融支援額にも影響が出て、調整が長期化することにもなりかねない。バンクミーティングの場では、疑問点を発見した人が、たとえ下位行であっても、発言をしていくことが求められる。

　こうしたバンクミーティングの場でも、他行との信頼関係構築に努めていれば、他の企業における再生支援の場面でもプラスに作用することが少なくない。正論をしっかり述べていると、他行の職員が発言を支持してくれる場合もある。

⑤　条件変更開始時の注意点

　協議会に相談をもちかけるような企業については、すでに条件変更を行っていたり、協議会に持ち込むにあたり条件変更手続を行うことが一般である。ここで注意すべきは、取引各行が足並みをそろえ、同時期に残高プロラタ（実際は元本返済猶予のケースが大半であろう）での返済条件とすべきということである。条件変更の申出の直前に融資を実行している等、個別事情のある場合もあるが、条件変更を開始した時期がバラバラだと、その後の金融調整が困難になる。

　一般的には、いったん条件変更には応じたうえで、計画策定の段階で、要求すべきことは要求していくということが現実的である。

(3)　金融機関同士の連携

　再生計画の策定を目指す場合でも、正常化を目指す段階でも、金融機関同士の連携は不可欠である。

　私的整理は全行同意が原則であるから、事業再生の取組みは、たとえメイ

ン行でも、1行だけで成立させることはできない。特に、再生支援の対象となるような過剰債務に陥っている企業の場合、取引行が多いことが一般であり、担保余力に乏しい企業の場合は、調達先が小口分散し、企業規模の割に、多数の取引金融機関が存在する場合も少なくない。

また、一定の貸出残高シェアを有する場合であれば、メイン行でなくても、今後の展開には注目せざるをえない。サブ行以下の立場で、再生に取り組む場合は、メイン行との連携は不可欠である。特定の金融機関があらゆる企業で常にメインということはないため、取引先によってメインだったり、サブだったり、下位行だったりするということである。事業再生は、金融機関であれば共通の目的のため、残高シェアにかかわらず、できることは協力しあえる関係を構築していくことが必要である。

そこで、重要なのは、金融機関の一般的、慣習的な考え方を知ることである。数字で示せるものであれば、残高、残高シェア、非保全残高、非保全シェア、決算内容等によって、再生支援の優先順位が決まってくるといえるだろう。これらの要素について、再生支援を検討する企業の取引行ごとに、一部想定があっても、現状を整理してみることが出発点となる。もちろん、実際に再生支援に前向きになれるかは、経営者の姿勢が重要な要素である。取引金融機関ごとに経営者の評価が大きく異なるということは少ないかもしれないが、メイン行かそうでないかや、取引歴の長短によって情報量は異なるから、多少評価が異なる場合もある。大切なのは、自行がどう考えるかというだけでなく、他行がどう考えているかについても十分に意識的になるということだ。

なお、残高シェアか非保全シェアが30％以上あれば、ある程度主体的に動くことができるだろう。残高がそこまでない場合でも、メイン行等との連携のうえに、再生を進める可能性を捨てるべきではない。

① 残高シェアと非保全シェア

特に非保全シェアがほとんどない企業に対して、金融機関は、再生支援の優先度合いが低いのが一般である。破綻した場合でも、十分回収できること

が想定されれば、どうしても劣後扱いになる。これも、多くの候補企業があるなかでは、やむをえないことであるから、残高メインというより、非保全額が多い金融機関や、再生支援をしたいと考えた金融機関がまず動いてみることが大切である。条件変更の場合は残高プロラタでの支援、DDS以上の場合は非保全プロラタでの衡平性を確保することが一般である。

金融機関のなかには、一定の残高以上でなければ、再生支援や正常化支援の対象とはしない場合もあるようである。ただし、これは例外がないということではないため、地道な調整を図ることも必要である。従業員数や地域における知名度や評判なども、再生支援の場面では影響力のある要素である。地域社会のなかで一定の雇用がある企業は、金融機関にとっても無視できない存在だからである。

② 信用格付

前述のとおり、信用格付が「その他要注意先」であれば、個別貸倒引当金を積んでおらず、ランクアップに向け、再生支援を積極的に進めようというインセンティブが働きにくくなる。このため、金融機関同士が同じ信用格付であったほうが足並みをそろえた対応はとりやすくなる。ただ、企業の業況や計画書のレベルによっては、「その他要注意先」という信用格付を維持するために、しっかりした計画書が必要という判断に至る場合もあるので、取組み当初では、他行の考え方についてあまり先入観をもたずに検討してみることも大切である。

ただ、心意気だけで仕事をするわけではない。取引各行の経済合理性については、冷静な判断が必要になる。

③ 他行との接点を大切にする

条件変更中の企業の場合、次回条件変更の条件の打合せ等で、他行と連絡をとりあうことがある。そうした機会に、当該企業について考えていることを確認するようにしよう。「返済額の増額」「正常化の検討」「計画の策定」といった程度でも、特にメイン行の考え方を知ることは、意味がある。大きな方向性自体ではさほど意見が異なることはないかもしれないが、認識を共

有化するだけでも、双方の組織が動きやすくなるという効果はある。1行だけでは単独の動きなのだが、2行そろうと、流れができるからである。企業への働きかけについても、1行だけで行うよりは、複数行で行うほうが、説得力は大きくなるし、金融機関の足並みがそろっていることを示すことで、企業に安心感を与えることにもつながる。

　金融機関の再生支援部署の職員同士は、バンクミーティングの場で名刺交換したり、たびたび顔をあわせる機会があるだろう。こうした方々と、一定の信頼関係を構築することが大切である。組織は違っても、同じ目的に向かって仕事をしているわけであるから、お互いが共感できる立場にある。自行だけの利害にとらわれることなく、事業再生という目的のなかで、公平な視点で、目的をしっかり意識しながら、要求すべきことはしっかり要求するというスタンスが大切である。バンクミーティングの場で常にブレない発言をしていると、信頼してもらえるようになるはずである。また、尊敬できる金融機関職員との出会いもあるはずである。

(4) 外部専門家を活用する

　投下できる経営資源や専門性の限界から、金融機関だけで事業再生を進めることは困難である。また、金融機関の職員だけで進めようとすると、たとえ効果が上がったとしても、対象とできる企業数はきわめて限定され、組織的というより属人的な取組みにとどまることになる。また、工場現場の改善指導等は、一般の金融機関職員には困難なはずである。しかし、公認会計士、税理士、中小企業診断士、または弁護士といった専門家の力を借りることができれば、金融機関職員が企業と面談するなどで直接再生に向けた働きかけを行っていない間にも、再生に向けた動きが進んでいくため、1社でも多く再生させるという目的からも、意義深いことである。また、再生の実現可能性も、専門家の関与によって高めることができる。

　ここでは、コンサルタントの活用について考えてみる。経営者は、コンサルタントに対してアレルギーをもっていることが多いものである。むしろ、

業績が好調な先がうまく外部人材を使って成長を加速することを志向しているのに対し、業績が低迷している企業では、自社の限られた経営資源のなかで、打つべき手が打てず、袋小路に迷い込んだまま、改善のきっかけがつかめていないということが多いように思われる。これは何も資金に余裕があるかどうかばかりが原因ではない。

コンサルタントに対する経営者のアレルギーについては、次のように整理できる。

① かつて利用したが効果がなかった。コンサルタントと意見が対立した。
② 自社のことは経営者が一番わかっているので、コンサルタントの必要性を感じない。
③ そもそも費用を負担する余裕がない。

これらの要因について、①は、現場の改善を期待していたのに、コンサルタントは、計画書の作成だけしかしなかったというニーズのミスマッチがある。金融機関が紹介したコンサルタントを、企業側が問題意識を共有しないまま受け入れたケース等がこれに当たる。コンサルタントやコンサルタント会社との相性の問題もあり、指導内容だけでなく指導方法（熱血指導等）が、企業側のニーズとミスマッチだったケースもある。

次に、②に対しては、本当に自社のことがよくわかっていれば、なおさらコンサルタントを活用するメリットがあるといえる。自社の内部資源だけではなく、外部人材を活用することで、改善スピードは向上するはずだからである。人材が十分という中小企業は存在しないし、正社員を確保することと比較すれば、まずは外部専門家の活用を検討してみるほうが合理的である。

③に対しては、資金繰りが逼迫している企業を除けば、費用対効果の問題だといえるだろう。再生を進めるにあたって有益だという考えに至れば、なんとか資金繰りのなかから費用を捻出できないか考えるはずである。費用というより、前向きな投資と考えたほうがよいだろう。

実績のあるコンサルタントは、金融機関の職員よりははるかに経営者に近い感覚をもっているし、多くのクライアント企業を担当するなか、できない

ことを「できる」といった安請け合いはしないものである。ただ、すぐによいコンサルタントとの出会いがあるとは限らない。複数のコンサルタントと面談したうえで、最も自社にあった人物に決定することが大切である。

　コンサルタントもさまざまであるから、金融機関としては、自信をもって紹介できる人物を知っておくべきである。担当している企業がすでに活用していたり、協議会が選定したコンサルタントの実際の仕事ぶりや評判を具体的に把握することが大切である。さまざまなコンサルタント会社のなかで、だれが実力をもったコンサルタントで、安心して任せることができるか、組織内で情報を蓄積していくことが大切である。いうまでもないが、紹介には一定の責任も伴うし、金融機関が勧めたから契約したということでは、改善成果も期待できない。また、金融機関としては優越的地位の濫用にならないような紹介の仕方をしなければならない。

　個人的な経験からいえば、経営者が真に課題だと考えているもの、切迫感のあるニーズに焦点を当てた提案ができれば、そして、提案できるコンサルタントであれば、当初アレルギーをもっていた経営者にも受け入れられる可能性が高いと思われる。また、経営陣の意思疎通がうまくいっていない企業については、専門家である第三者が関与する意義は特に大きいと思われる。

　なお、協議会関与ではない場合、つまりインターバンクで合意形成を図っていく場合は、いっそう、専門家関与で財務DDや事業DDを行う必要がある。第三者の関与があったほうがまとまりやすいのである。

　また、外部専門家の活用にあたっては、金融機関として丸投げするのではなく、SWOT分析等を通じて、専門家と現状分析を共有することが大切である。現状認識が違えば、目指すべき方向性も異なってくる。そのベクトルが違えば、最後までかみあわないことになる。

(5) 二次破綻を避ける仕組みが重要

　計画成立後、実績が計画どおり、または、それ以上で推移させるために重要なのは、PDCAサイクルが構築され、企業主体で自走できるようにするこ

とである。同じ中小企業に分類されても、生業レベルから、実質大企業まで、規模はさまざまである。企業は従業員数が数名から十数名、50名以上、100名以上といった段階ごとに、管理の仕方が変わってくる。規模が小さい企業は、ワンマン社長が最も効果的であるが、従業員数が50名以上にもなれば、しっかりした組織をつくらないと、企業の十分な運営はできない。再生局面でも、組織の規模で、打つ手は変わってくる。すでに存在している組織や会議体を活かすのか、ワーキンググループを立ち上げるのかといった判断も求められる。アクションプランで、いつ、だれが、何を、いつまでに、どこまでやるかが決められているかどうか、改善活動の受け皿となる組織や人材がいるかを見極めることが大切である。組織レベルに見合った対策でなければ、実現可能性はない。専門家の活用は、計画策定までではなく、実行段階においても、企業が自走できるようになるまでは関与させるようにしなければならない。

なお、従業員全員の力を結集するためには、計画の策定を通じ、「経営者が嘘偽りのない本気の思いを伝えること」「いまよりもよくなるという将来像」「各持ち場で改善状況がわかる見える化」が重要である。また、採算分析を正確に行うための管理会計の整備や試算表が翌月上旬にはまとめられる社内や顧問税理士との協力関係も必要である。

社内の経営人材だけで、こうした対応が困難な場合は、ターンアラウンドマネージャーを招聘することも検討課題となる。事業再生においては経営人材の不在が大きな要因となることが多いため、企業が対価を負担できる段階で検討しなければならない。

(6) スポンサーの活用

資金繰りが危機的な状況の企業で、それでも事業再生の可能性を探るとすれば、スポンサーを見つけることが不可欠となる。自社の事業分野に実績があるか、事業分野を活かせる可能性の高い企業がスポンサーとして望ましいといえる。スポンサー候補の企業にとっては、事業を活かせる見通しが十分

でなければ、それだけ保守的な金額でしか、支援が成り立たず、金融機関にとっても経済合理性の確保で障害になる。

スポンサーの確保は、再生支援のなかでも特に個別性が強い分野である。具体的に進めるためには、金融機関内のネットワークの活用や、M&A仲介会社の利用等を検討する。

5 再生支援の心構え

(1) 金融機関のレベルを決める仕事という意識をもつ

企業業績には、良い時もあれば悪い時もある。また、永続を理想としつつも、現実には一定の寿命がある企業経営において、上り坂の時もあれば、下り坂の時もある。金融機関として、企業の業績が好調で上り坂の時しか取引しないということは不可能である。たとえば、かつての優良企業が下り坂となった時、手のひらを返すような対応は、人間関係同様、組織としても尊敬されるものではない。「晴れの日に傘を貸して、雨の日に取り上げる」ということは、間接金融が返済を前提にしている以上、ある程度は仕方ないことである。借入れを増やすだけでは、企業にとってもプラスにならない。しかし、融資できないからといって、何もしないのではなく、残高シェアが主要行といえる場合においては、再生支援の可能性を検討することが求められる（再生の可能性がなければ、廃業支援に移行する）。融資時にも、再生支援時にも、一貫した人格として企業に対応していくことが、金融機関として信頼されることにつながるはずである。再生支援に携わる職員は、自身が所属している組織のレベルを向上させ、企業のためにも、組織のためにもプラスになる仕事をしているのだという矜持をもつべきだと思う。

(2) あなたが動かなければならない

「1社でも多く再生させる」という思いから、可能性を感じた人が再生支

援の検討を開始してみるしかない。前向きな融資であれば、Aさんでなくても、Bさんが、また、C行でなくても、D行が手掛けることで、目的は達せられる場合が多いかと思うが、再生支援の仕事の場合は、思い立った人や機関が動いていくしかない。そこにはすべてを手掛けることはできないという限界もあるが、あなたが動く意義が大きい仕事であり、金融機関の職員にとっても、かなりのやりがいをもたらす仕事である。経営者にやる気がまったくなければどうしようもないが、金融機関は、経営者を変えるきっかけを与える可能性をもった存在であることは確かである。

(3) 評論家になってはいけない

　再生が必要とされる企業は、窮境に陥っているわけだから、指摘できる点、したい点はいくらでもあるはずである。しかし、金融機関が評論家的な立場に立ち指摘するだけでは事態は改善しない。再生に携わる職員は、企業の悪いところばかりに目をやり、それを指摘することが仕事だと勘違いする"落とし穴"に注意しなければならない。企業の再生は弱みを克服すること以上に強みを活かすことが不可欠である。SWOT分析などを通じ、企業を総合的に評価する力、企業を改善に向かわせる当事者能力、プロフェッショナルとしての意識が求められる。

(4) 障害に阻まれたところから仕事がスタートする

　事業再生支援で教科書どおりにいくケースはほとんどない。むしろ、そうでないところから、この仕事はスタートするといえる。教科書的には、①支援方針を決めて、協議会へ持ち込み、②実現可能性のある計画書の策定を検討、③債務超過が大きく合実計画に届かない点があれば、非保全プロラタでDDS等を検討、④経営者は金融支援内容に見合った経営者責任を履行といった進め方をすればよいだろう。

　しかし、現実には、①企業や主要行が協議会関与に賛成せず、現状維持を主張したり、②右肩上がりの売上計画で利益を確保する内容になっている、

利益は出る計画があっても、返済計画に反映されていない等、実現可能性に疑問があったり、③主要行に金融支援は不可という機関があったり、④経営責任履行への抵抗感が強い、または、金融機関のなかに非常に厳しい経営責任の履行を要求する機関があるといった問題のどれかが出てくることが少なくない。

　事業再生はこうした障害を、一定の期間をかけて取り除いていく仕事である。なんらかの障害に阻まれたら、ここからが仕事だという気持ちをもって臨むしかない。教科書どおりに進むケースでも楽ではないが、個社ごとにさまざまな障害に直面するからこそ、この仕事に携わる者の存在理由があり、スキルを向上させる経験にもなるのである。また、すぐ成果が出ることは少ないため、1年単位で考えるのではなく、2～3年程度の時間軸で考えるようにしておかなければならない。

　なお、自らの思い込みだけで動くと後になって、ムダが多くなる。いくら目指していることが正しくても、それだけで、その方向に関係者の足並みがそろうものではない。関係者それぞれの立場を考えながら、働きかけなければならない。

　また、どうしても条件が整わないものや、そのなかで特に自行のシェアが低いもので、他行と連携してもうまくいかない場合は、時間が有限である以上、こだわり続けることは、他の支援が必要な企業に十分な時間を使えないという面で、マイナスの影響がある。経営者の再生意欲が高く、主要行の足並みがそろいやすい企業から優先的に取り組むべきことはいうまでもない。

(5) 関係した人すべてがよかったと思える仕事をする

　事業と雇用を守れた時、経営者から感謝された時などは、金融機関、協議会、専門家等と一緒につくづくよかったという感慨に浸れるものである。金融機関の仕事のなかでも、外部の方と喜びを分かち合える仕事という意味で、再生支援は筆頭である。苦労は多く、時間はかかっても、十分報われる仕事である。

Part 2

事業再生の基礎知識
(Q&A)

Part 2では、主として金融機関の職員向けに、事業再生に取り組むにあたり必要となる基礎知識をQ&A形式で解説している。
　第1章では、「事業再生と私的整理についての基礎知識」として、私的整理による事業再生の意義・必要性、および公的再生支援機関の概要を確認するとともに、中小企業に多く利用されている中小企業再生支援協議会と地域経済活性化支援機構については手続の流れについて解説している。
　第2章では、「私的整理による事業再生における主な金融支援手法」として、債権放棄、第二会社方式、DDS、DES、再生ファンドへの債権譲渡など、抜本的な金融支援手法について、それぞれの概要と活用にあたっての留意点、および税務上の取扱いについて解説している。
　第3章では、「金融機関による事業再生支援の流れと再生計画書の検討」として、金融機関が取引先から再生支援の相談を受けた場合の手続の流れ、および財務DDや事業DDおよび再生計画書の内容とチェックポイントを解説している。

第 1 章

事業再生と私的整理についての基礎知識

1－1　事業再生の意義と必要性

> 事業再生の意義と必要性を教えてください。

(1)　事業再生の意義

　事業再生とは、業績や資金繰りが悪化して自力での回復ができない状況にある企業が、倒産して会社を清算するのではなく、関係者の協力を得て債務の一部免除や返済猶予などの金融支援等により過剰債務などの支障を取り除き、健全な企業として事業を遂行できるように事業および財務を再構築することである。

　事業再生と同種の用語に企業再生がある。両者はほぼ同じ意味で使われることが多いが、事業再生では必ずしも企業（法人格）の維持にこだわらない。たとえば、第二会社方式を使った事業再生の場合では、収益性のある事業だけを分離して再生させ、元の企業は清算する。事業再生は、企業や経営者がかわっても、再生可能性のある事業を残して再生させることにより地域の活力や従業員の雇用を維持し、取引先企業への悪影響を最小限に抑えようとするものである。

(2)　事業再生の必要性

　平成20年以降、リーマンショックや東日本大震災の発生、円高不況などにより業績が悪化する企業が大幅に増加した。このような状況のなかで政府は平成21年に厳しい状況に陥った中小企業に対する金融面の対策として、「中小企業者等に対する金融の円滑化を図るための臨時措置に関する法律」（以下、「金融円滑化法」という）を制定した。金融円滑化法のもとで金融機関は、中小企業者等から申込みがあった場合にはできる限り貸付条件の変更等の適切な措置をとるように努めることとされ、業績の悪化した中小企業は金

融機関から借入金の返済猶予を受けることにより資金繰り破綻の危機を回避することができた。この金融円滑化法は途中2回の期限延長を経て、平成25年3月に最終期限が到来して終了した。この間、償還条件変更を申し込んだ企業は、返済猶予期間中に経営改善計画を策定して経営改善に取り組むこととされていたが、金融円滑化法が終了した現時点においても業績が回復せず、償還条件変更を繰り返し実施している企業は依然として多く残っている。

　業績が低迷し資金繰りが苦しいと、必要な設備の更新もできないため、生産性や品質面での競争力が低下し、さらに業績が悪化していくという悪循環に陥る。対応が遅れれば遅れるほど、経営は苦しくなり、企業価値が毀損して再生可能性は小さくなる。最終的には資金繰りが破綻し、企業は破産に至る。

　企業が多額の債務を抱えて倒産し、破産手続に入ると自社だけでなく関係者にも大きな影響を与える。

【企業が破産すると】
・長年続いてきた事業はなくなってしまう。
・従業員は職を失い、その家族の生活にも大きな影響を与える。
・取引先にも迷惑をかけることになり、連鎖倒産が発生するなど地域経済にも打撃を与える。
・債権者である金融機関では不良債権が増加し、その健全性を損なうことになる。

　一方、再生の可能性があるうちに事業再生に取り組み、関係債権者の支援を得て破産を回避できれば関係者への悪影響は最小限に抑えられ、過剰債務を整理して再スタートを切ることが可能になる。

【事業再生に成功すると】
・経営者は経営者責任をとり退任を求められるが、長年続けてきた事業

を残すことができる。
・従業員の雇用を維持することが可能になり、その家族は生活を守ることができる。
・取引先は、連鎖倒産を回避し、地域は活力を維持することができる。
・金融機関は、債権放棄を実行することにより損失が確定するが、破産するよりも損失を小さく抑えることができ、再生に成功すれば大切な取引先を維持できる。

　このように、事業再生に取り組むと、企業の経営者、金融機関とも経営責任等の履行や債権放棄損の発生等により一時的な痛みを受けることにはなるが、企業が破産してより大きな打撃を受けることを回避することが可能になり、さらに地域の活力と従業員の生活を守ることが可能になるのである。
　なお、政府は金融円滑化法の最終期限到来にあたり、「真の意味での経営改善につながる支援に軸足を移し、本格的な事業再生支援を推進するための包括的対策を強力に実行する」として、平成24年4月に「中小企業の経営支援のための政策パッケージ」を公表し、主な施策として中小企業再生支援協議会の機能強化などを掲げて、経営改善や事業再生を支援する諸施策の推進に取り組んでいる。

〈参考〉平成24年4月20日経済産業省ニュースリリース
　「中小企業金融円滑化法の最終延長を踏まえた中小企業の経営支援のための政策パッケージ」を策定しました。
　本日、内閣府・金融庁・中小企業庁は、中小企業金融円滑化法の最終延長を踏まえ、「中小企業金融円滑化法の最終延長を踏まえた中小企業の経営支援のための政策パッケージ」を策定しましたので、公表します。
　1．経緯
　中小企業金融円滑化法の最終延長を踏まえ、本日、中小企業の経営改善・事業再生の促進等を図るため、古川経済財政政策担当大臣、自見金融担当大臣、枝野経済産業大臣による3大臣会合が行われ、「中小企業金融円滑化法の最終延長を踏まえた中小企業の経営支援のための政策パッケージ」を策定し

ました。
2．政策パッケージの概要
　中小企業金融円滑化法の最終延長を踏まえ、中小企業の経営改善・事業再生の促進等を図るため、以下の取組を強力に進めることとし、関係省庁・関係機関と連携し、早急にその具体化を図ります。
　⑴　金融機関によるコンサルティング機能の一層の発揮
　⑵　企業再生支援機構及び中小企業再生支援協議会の機能及び連携の強化
　⑶　その他経営改善・事業再生支援の環境整備

（出典）　経済産業省ホームページより

1－2　私的整理と法的整理

　事業再生には、私的整理による場合と法的整理による場合がありますが、どのような違いがあるのか教えてください。

⑴　私的整理と法的整理

　事業再生の手続は、裁判所の関与の有無により、法的整理と私的整理に分けられる。法的整理では、民事再生法や会社更生法など法律に基づいて裁判所の関与のもとで手続が進められる。一方、私的整理は、裁判所の関与なしに、関係当事者の合意によって手続が進められるものである。私的整理は、「私的」とあるとおり、法定された手続はないが、債権者と債務者だけの協議で進めるもののほかに、中小企業再生支援協議会など利害関係のない第三者が、一般に公表された債務処理のための手続に従って私的整理を進める「準則型」と呼ばれる手続が含まれる。

⑵　再建型と清算型

　事業再生は事業の存続を前提とした再建型の手続であるが、事業の存続を

前提としない清算型の手続についても、破産・特別清算など裁判所のもとで手続が進められる法的整理と裁判所が関与しない私的整理がある。

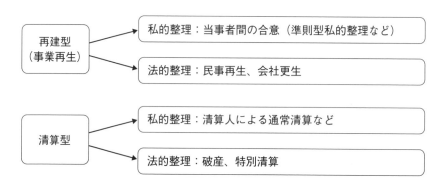

(3) 特別清算

特別清算は、破産と同じように裁判所の関与を受けながら会社を清算する手続である。破産と比べると手続が簡単で、費用が安くすむなどのメリットがあるが、特別清算を利用できるのは株式会社だけであり、かつ債権者（債権総額）の3分の2以上の同意が必要という制約がある。したがって、特別清算は債権者が少数でかつ協力的な場合、または親会社が子会社を清算する場合等に使われる。

また、事業再生手続では第二会社方式で事業譲渡または会社分割後に旧会社を整理する際に使われることが多い。

特別清算と破産の違い

	特別清算	破産
対象	株式会社	個人も可
手続執行者	特別清算人（会社側が選定可能）	破産管財人（裁判所が選定する）

予納金	低額 （破産移行の可能性があると破産手続開始予納金相当額となる場合あり）	特別清算よりも高額
債権者の同意	債権者の3分の2以上の同意が必要	必要なし

(4) 私的整理のメリットとデメリット

事業再生において、法的整理と私的整理を比較すると、それぞれ次のような特徴がある。

法的整理	私的整理
【メリット】 ・裁判所関与で手続が進められるため、債権者への資産等の分配は公平に行われる。 ・法律で手続が決められているため手続の透明性が高い。 ・少数の反対者がいても、多数決で計画を成立させることができる。 【デメリット】 ・債務者の名前が公表されるので、取引先の信用失墜による事業価値毀損のおそれがある。 ・手続に費用や時間を要する。 ・金融機関以外の債権者も債務免除が求められるため、取引先にも影響が及び、連鎖倒産が発生する可能性がある。	【メリット】 ・裁判所の関与がなく、柔軟な対応が可能。 ・債務免除を金融機関に限定して商取引債務を除外することにより、取引先に手続の開始を知られずに再生を図ることができる。この結果、法的整理に比べて風評被害等による事業価値毀損を防ぐことができる。 【デメリット】 ・強制力がなく、対象債権者全員の合意が必要。 ・当事者間だけの交渉の場合、不正が行われやすい。

一般に、法的手続によると風評被害等により事業価値が毀損するため、事業価値をできるだけ維持して再生を図るためには私的整理が有利とされてい

る。ただし、私的整理は裁判所の関与がないため、手続の透明性や債権者間の衡平性の確保に課題がある。また、法的整理は一部債権者が反対しても多数決で計画が成立するが、私的整理では対象債権者全員の合意が必要であり、一部でも反対する債権者がいると計画は成立しない。

かつては、私的整理のメリットが大きい半面、デメリットである手続の透明性や衡平性を十分に確保できない点がネックとなり、私的整理の利用は少なかった。しかし、平成13年以降、「私的整理に関するガイドライン」や「中小企業再生支援協議会」など準則型私的整理といわれる手続規定ができたことにより、これらデメリットがカバーされ、私的整理の利用件数は増加している。

1-3 私的整理に関するガイドライン

「私的整理に関するガイドライン」について、その内容と特徴を教えてください。

「私的整理に関するガイドライン」(以下、「ガイドライン」という)とは、民事再生や会社更生など法的整理によらずに私的整理により債権放棄などの金融支援を行う場合の手続規定である。金融界と産業界の代表と学識経験者が参加した民間の研究会が策定した指針で、法的拘束力のない紳士協定であるが、私的整理の共通の基準を示すものであり、その後設立された公的再生支援機関の手続規定のベースになっている。

従前、私的整理による手続は、法定されたルールがないため透明性、衡平性などの面で問題が多く、法的整理によらなければ金融機関で債権放棄を行うことはむずかしかった。しかし、バブル崩壊、金融危機などから不良債権問題が発生し、企業価値の毀損を回避しながら不良債権の削減を図るため、私的整理を活用した事業再生への取組みへのニーズが高まった。このような

状況のなかで平成13年9月に金融庁、日本経済団体連合会、全国銀行協会、学識経験者の代表らによる私的整理に関するガイドライン研究会によりガイドラインが公表された。

　ガイドラインにおいては、手続開始からその後の手続の進行をメインバンクが主体的に関与して進めることになっている。このため、メインバンクの負担が大きく、金融支援の内容としてもいわゆる「メイン寄せ」が行われやすいという問題があり、特に金融機関との取引規模が小さい中小企業の利用実績は少なかった。しかし、その後に公表されたRCC企業再生スキーム、再生支援協議会スキームなどは、いずれもガイドラインをベースとしてつくられており、ガイドラインの考え方自体は現在も広く活用されている。

(1) ガイドラインの対象となる私的整理と債務者

(1) 対象となる私的整理
① このガイドラインによる「私的整理」は会社更生法や民事再生法などの手続によらずに、債務者と債権者の合意に基づき、債務（主として金融債務）について、猶予・減免などをすることにより、経営困難な状況にある企業を再建するためのものであって、多数の金融機関等が主要債権者又は対象債権者として関わることを前提とするものであり、私的整理の全部を対象としていない限定的なものである。
② このガイドラインが想定している企業の再建は、会社更生法や民事再生法などの手続によるのが本来であるが、これらの手続によったのでは事業価値が著しく毀損されて再建に支障が生じるおそれがあり、私的整理によった方が債権者と債務者双方にとって経済的合理性がある場合のみ、限定的に行われる。
③ このガイドラインによる私的整理は、債権者に債務の猶予・減免などの協力を求める前提として、債務者企業自身が再建のための自助努力をすることはもとより、その経営責任を明確にして、株主が最大限の責任を果たすことを予定している。
(2) 対象債務者となり得る企業
次のすべての要件を備える企業は、このガイドラインによる私的整理を申し出ることができる。

① 過剰債務を主因として経営困難な状況に陥っており、自力による再建が困難であること。
② 事業価値があり、重要な事業部門で営業利益を計上しているなど債権者の支援により再建の可能性があること。
③ 会社更生法や民事再生法などの法的整理を申し立てることにより当該債務者の信用力が低下し、事業価値が著しく毀損されるなど、事業再建に支障が生じるおそれがあること。
④ 私的整理により再建するときは、破産的清算はもとより、会社更生法や民事再生法などの手続きによるよりも多い回収を得られる見込みが確実であるなど、債権者にとっても経済的な合理性が期待できること。

(出典)「私的整理に関するガイドライン」より

(2) 手続の流れ

a 私的整理の開始

・対象債務者となりうる企業が主要債権者に対し、このガイドラインによる私的整理を申し出て、再建計画（注1）案とその内容を説明するに足りる資料等を提出する。

・主要債権者は提出された資料を精査し、主要債権者全員の合意により、主要債権者と債務者の連名で対象債権者全員に対して一時停止（注2）の通知を発する。

(注1) 再建計画……私的整理による事業再生にあたり策定される計画書のことで、「私的整理に関するガイドライン」および「税法」では再建計画といい、「金融検査マニュアル」では経営再建計画、「中小企業再生支援協議会」では再生計画という用語を使っている。それぞれの機関等で用語は異なるが、内容に大きな違いはない。本書では、各制度や機関の説明にあたってはそこで使われている用語を使い、それ以外では再生計画を使っている。

(注2) 一時停止……対象債権者の個別的権利行使や債権保全措置だけでなく、債務者が通常の営業の過程でなく行う資産処分、新債務の負担、一部の対象債権者に対する弁済などを禁止するもの。

b　第1回債権者会議と債権者委員会
・債務者と主要債権者は、一時停止の通知を発した日から2週間以内の日を開催日とする第1回債権者会議を連名で招集する。
・第1回債権者会議の内容
　①　債務者による財務内容および再建計画案の内容等の説明およびそれらに対する質疑応答。
　②　資産負債や損益の状況および再建計画案の正確性・相当性・実行可能性等を調査検証するために公認会計士等の専門家を選任するか検討し、必要な場合には被選任者を決定する。
　③　一時停止期間の決定。
　④　第2回債権者会議の開催日時場所の決定。
　⑤　債権者委員会を設置するとした場合の債権者委員の選出等。
　　c　再建計画の成立
・主要債権者（債権者委員会が設置された場合は債権者委員会）は、第2回債権者会議に先立ち、対象債権者全員に対して再建計画案の相当性と実行可能性などについての調査検討結果を報告する。
・第2回債権者会議では上記報告および債務者に対する質疑応答ならびに出席対象債権者間における意見交換を行う。また、再建計画案に対する同意不同意を表明すべき期限を定める。
・対象債権者全員が再建計画案に同意する旨の書面を提出した時に再建計画は成立する。
・なお、期限までに対象債権者全員の同意が得られないときはこのガイドラインによる私的整理は終了し、債務者は法的倒産処理手続開始の申立てなど適宜な措置をとらなければならない。

(3) 再建計画案の内容

　再建計画案は次の内容を含むものでなければならない。
①　事業計画案……事業計画は債務者の自助努力が十分に反映されたもので

あるとともに、経営が困難になった原因等所定の事項を含む内容を記載することを原則とする。
② 実質的に債務超過であるときは再建計画成立後に最初に到来する事業年度開始の日から3年以内をメドに実質的な債務超過を解消すること。
③ 経常利益が赤字であるときは再建計画成立後に最初に到来する事業年度開始の日から3年以内をメドに黒字に転換すること。
④ 対象債権者の債権放棄を受けるときは、支配株主の権利を消滅させることはもとより、増減資により既存株主の割合的地位を減少または消滅させることを原則とする。
⑤ 対象債権者の債権放棄を受けるときは、債権放棄を受ける企業の経営者は退任することを原則とする。
⑥ 再建計画案における権利関係の調整は債権者間で平等であることを旨とし、債権者間の負担割合については衡平性の観点から個別に検討する。
⑦ 破産的清算や会社更生法や民事再生法などの再建手続によるよりも多い回収が得られる見込みが確実であるなど、債権者にとって経済的な合理性が期待できること。

(4) ガイドラインの特徴

① 多数の金融機関と債務者との合意による債権放棄などの金融支援を前提としたものであり、すべての私的整理を対象としたものではない。
② 再建計画には3年以内の債務超過解消、経常黒字転換が求められているため、踏み込んだ債権放棄などの金融支援が行われることが多い。
③ 安易な債権放棄によるモラルハザード防止のため、債権放棄を要請する場合には原則経営者の退任を求めるなど、法的手続に準じた厳しい条件が課されている。
④ 「私的整理に関するガイドライン」に定める手続に基づいて実施される債権放棄は、税務上「合理的な再建計画」に基づく債権放棄であるとして取り扱われ、一定の条件のもとで債権者は債権放棄に係る損失を損金算入

することができる。また、債務者側でも、一定の要件を満たすことにより、法的手続の場合と同様の税務上の取扱いを受けることができる。
⑤　手続はメインバンクが主体的に関与して進めるためメインバンクの負担が重く、金融支援の内容もメイン寄せが行われやすいという問題がある。

1-4　公的再生支援機関

公的再生支援機関の概要と、それぞれの機関の特徴を教えてください。

　公的再生支援機関とは、事業再生を支援するために法律等に基づいて設置され、利害関係のない第三者が公正中立な立場で一定の手続規定（準則）に従って再生計画策定支援や金融機関調整を行い、再生計画の合意形成を図るための支援を実施する機関である。

　主な公的再生支援機関としては、中小企業再生支援協議会、地域経済活性化支援機構、整理回収機構、事業再生実務家協会（事業再生ADR事業者）などがある。

　平成13年に「私的整理に関するガイドライン」（以下、「ガイドライン」という）が制定されたが、ガイドラインでは手続に主体的に関与するメインバンクの負担が大きく、かつ金融支援の内容でもいわゆる「メイン寄せ」が行われやすくなるという問題もあり、特に中小企業の利用はほとんどなかった。このような状況のなかで平成15年以降、事業再生支援のいっそうの推進を図るため、一定の手続規定のもとで、利害関係のない第三者が関与して、金融機関調整を行い、合意形成を図る公的再生支援機関が設置されることになった。この公的再生支援機関による再生支援制度では、私的整理手続において課題であった再生計画（注）の透明性・衡平性を高められること、金融機関による債権放棄が行われた場合の債務者企業の債務免除益等に対する税務上の優遇策が定められたことなどにより、債権者・債務者双方が事業再生に取

り組みやすくなった。この結果、平成15年に中小企業向けの公的再生支援機関である中小企業再生支援協議会が設立された後、中小企業を対象とした私的整理による事業再生の実施件数は増加していくことになった。

> (注) 再生計画……私的整理による事業再生にあたり策定される計画書のことで、「私的整理に関するガイドライン」および「税法」では再建計画といい、「金融検査マニュアル」では経営再建計画、「中小企業再生支援協議会」では再生計画という用語を使っている。それぞれの機関等で用語は異なるが、内容に大きな違いはない。本書では、各制度や機関の説明にあたってはそこで使われている用語を使い、それ以外では再生計画を使っている。

(1) 中小企業再生支援協議会

中小企業再生支援協議会（以下、「協議会」という）は、産業活力再生特別措置法41条（平成26年改正後：産業競争力強化法127条）に基づき認定を受けた商工会議所等の認定支援機関を受託機関として平成15年2月から順次設置され、現在は全国47都道府県に1カ所ずつ設置されている。

協議会には事業再生に関する知識と経験を有する専門家（金融機関出身者、公認会計士、税理士、弁護士、中小企業診断士など）が統轄責任者（プロジェクトマネージャー）および統轄責任者補佐（サブマネージャー）として常駐し、窮境にある中小企業者からの相談を受け付け、第一次対応では課題解決に向けた助言や支援機関等の紹介などを行う。第一次対応の後、事業性など一定の要件を満たす場合には第二次対応として再生計画の策定支援を実施している。

再生計画の策定支援では、第三者としての立場から企業の事業面・財務面の詳細な調査分析を実施したうえで金融機関への金融支援要請を含む再生計画案の策定を支援するとともに、金融機関に再生計画案を提示し、計画案合意のための金融機関調整を実施している。

(2) 地域経済活性化支援機構（旧企業再生支援機構）

株式会社企業再生支援機構法に基づき、中堅事業者、中小企業者その他の

事業者（地方住宅供給公社、地方道路公社、土地開発公社、第三セクターを除く）の再生を支援することを目的に平成21年10月に設立された組織である。

平成25年3月に企業再生支援機構から地域経済活性化支援機構に改組している。

機構の支援は、債権者間の利害調整の円滑化のみならず、出資によるリスクマネーの投入やプロフェッショナル人材を派遣することにより、中小企業再生支援協議会に比べて幅広い再生手法がとれる点に特徴がある。

なお、企業再生支援機構であった時には支援決定した場合は、すべての企業名が公表されることになっており、これが中小企業の利用が少ない要因の1つといわれていたが、地域経済活性化支援機構に改組後は大規模事業者を除き企業名公表は要件ではなくなり、中小企業は企業名を公表せずに支援を受けられるようになっている。

(3) 整理回収機構（RCC）

平成11年4月、株式会社住宅金融債権管理機構と株式会社整理回収銀行が合併して発足した組織である。

整理回収機構自身が金融機関から買い取った債権や、民間サービサーとして委託を受けた債権についての管理回収を行うほか、平成13年11月からは整理回収機構が主たる債権者である場合（RCC企業再生スキームⅠ）、または金融機関から金融債権者間の調整を委託された場合（RCC企業再生スキームⅡ）で、一定の基準を満たした案件に対する企業再生業務を行っている。

a　RCC企業再生スキームⅠ
① 対象となる私的再生
・RCCが主要債権者であり、かつ債務者が再生可能であるもの。
・債権者にとって経済合理性が認められるもの。
・債務者自身の再生への意欲・自助努力が前提で、経営者責任および株主責任が明確化されるもの。

② 対象債務者となりうる企業の要件
・過剰債務を主因として事業の継続が困難な状況に陥っており、自力による再生が困難であると認められること。
・弁済について誠実であり、財産状況を債権者に適正に開示していること。
・その事業自体に市場での継続価値があること。
・事業再生を行うことが、債権者の経済合理性に合致していること。

b　RCC企業再生スキームⅡ

主要債権者である金融機関から、RCCに対し金融債権者間の合意形成のために再生計画の検証、金融債権者間の調整等の委託があった場合、RCCは当該調整を受託する業務を行う。この場合の債務処理は、RCCが自ら取り進める債務処理と同一の基準（RCC企業再生スキームⅠ）を一部技術的に必要な読替え等をしたうえで適用している。

(4) 事業再生実務家協会（事業再生ADR事業者）

平成15年4月、経済産業省、中小企業庁、金融庁、日本商工会議所、東京商工会議所、産業再生機構、整理回収機構の後援を得て、事業再生の実務家のネットワーク形成と、経営者への事業再生の普及活動を行うことを目的に設立された組織である。

平成20年11月、事業再生実務家協会は事業再生ADR（正式名称「特定認証紛争解決手続」）事業者として認定された。

事業再生ADRは、産業活力再生特別措置法の平成19年度改正により制定された制度であり、法務大臣による一般のADR認証（注）に加えて、経済産業大臣から事業再生ADR事業の認定を受けた者が、再生支援機関として裁判外の紛争解決、すなわち私的整理による事業再生の手続を実施するものである。

（注）　ADR……「裁判外紛争手続」の略称で、訴訟手続によらずに民事上の紛争の解決をしようとする当事者のために、公正な第三者が関与して、その

解決を図る手続のこと。

事業再生ADRの特徴

① つなぎ融資が受けやすくなる

事業再生ADRではつなぎ融資に対する債務保証および法的整理に移行した際のつなぎ融資に対する優先弁済を設定しているため、つなぎ融資が受けやすくなる。

② 全行合意が得られなかった場合にも、その後の裁判所関与の手続をスムーズに進めることができる

全行同意が得られず、裁判所を利用した手続（特定調停や法的整理）に移行した場合でも、裁判所はADRの調整結果を尊重し、それを引き継ぐため、手続をスムーズに進めることができる。

1-5 中小企業再生支援協議会の手続の流れ

中小企業再生支援協議会を利用する場合（債務免除等を受ける場合）の事業再生手続の流れを教えてください。

(1) 第一次対応

中小企業再生支援協議会（以下、「協議会」という）では、中小企業者からの相談を受けると、常駐する再生支援に関する専門家（統括責任者および統括責任者補佐）が解決に向けた助言や支援機関等の紹介などを行う（第一次対応）。第一次対応の後、事業性など一定の要件を満たす場合には第二次対応として再生計画の策定支援等を実施する。

第一次対応

① 企業が再生支援協議会に相談
② 調査・検討
③ 各種アドバイスを実施
④ 専門家紹介
⑤ 再生計画策定支援（第二次対応へ）

(出典) 中小企業基盤整備機構ホームページより

(2) 第二次対応

　a　支援決定

　第一次対応の後、協議会は債務者からの資料徴求や現地調査、ヒアリング等を実施して、再生支援の必要性、事業価値の有無、経済合理性の有無など「中小企業再生支援協議会事業実施基本要領」に定める対象企業の要件を満たすか検討する。要件を満たすと確認できた場合には、メインバンクの協力意思を確認した後に第二次対応の開始を決定する。

第二次対応
［支援決定まで］

①相談、②調査・検討、③ヒアリング、④協力意思表明、⑤第二次対応表明
（この段階では企業の費用負担は発生しない）
(出典) 中小企業基盤整備機構ホームページより

　b　再生計画策定支援（再生計画検討委員会が再生計画案の調査報告を行う場合）

　第二次対応が決定すると、協議会は統括責任者および統括責任者補佐のほ

か、中小企業診断士、弁護士、公認会計士、税理士等の専門家等から構成される個別支援チームを編成し、再生計画の策定を支援する。

【再生計画の策定手順】

① 財務DD（公認会計士・税理士等）・事業DD（中小企業診断士等）の実施

個別支援チームは公認会計士等による財務の調査分析（財務DD）および中小企業診断士等による事業の調査分析（事業DD）を通じ、相談企業の財務および事業の状況について詳しく把握する。

② 事業計画の策定支援（策定主体は企業）

債務者は個別支援チームの支援のもと、再生の核となる事業の選定とその事業の将来の発展に必要な対策を立案し、必要に応じて他の中小企業施策を活用し、具体的かつ実現可能な再生計画案を作成する。

③ 再生計画案についての協議・検討、主要債権者の合意形成

債務者、主要債権者および個別支援チームは財務DD・事業DDや再生計画案の作成の進捗状況に応じて適宜会議を開催し、再生計画案について協議検討を行い主要債権者の合意形成を図る。

④ 一時停止の通知（注）

主要債権者と協議会の統括責任者は「一時停止」の通知を発するのが相当かどうかを判断する。一時停止の通知を発するのが相当であると判断したときには、「第1回債権者会議」招集通知を兼ねて書面により発する。なお、一時停止を発しないとの判断は私的整理を開始しないとの判断を意味する。

（注） 債権放棄等の金融支援が含まれる計画で、法人税法の企業再生税制の適用を受ける再生計画を策定する場合には一時停止の通知がなされることとされている。なお、上記以外の通常の協議会スキームでは、一時停止の通知は行われず、必要に応じて返済猶予の要請等が行われる。

⑤ 第1回債権者会議

第1回債権者会議では次のような事項を協議する。

(i) 一時停止の追認および一時停止の延長期間の決定。
(ii) 再生計画検討委員会の設置および委員選定の諾否を決定。

(iii)　債務者および個別支援チームによる資産負債や損益の状況と再生計画案の内容の説明および質疑応答等。
　(iv)　第2回債権者会議の開催日時場所の決定、その他の必要な事項の決定。
⑥　再生計画検討委員会の設置と委員による確認
　協議会の会長は、中小企業再生支援全国本部（以下、「全国本部」という）に対し再生計画検討委員会（以下、「検討委員会」という）の設置を要請し全国本部はその下部組織として設置する。検討委員会は全国本部が委嘱する3名（小規模企業の場合は2名）以上の委員をもって構成する。また、委員には公認会計士および弁護士を含める。
　検討委員会の委員は債務者の資産負債や損益の状況および再生計画案の正確性・相当性・実行可能性などを調査し対象債権者に対して意見を述べ調査報告書を提出する。また、調査の結果、再生計画が「中小企業再生支援協議会の支援による再生計画の策定手順（再生計画検討委員会が再生計画案の調査報告を行う場合）」に定められた手続に従って策定されていること等一定の要件のすべてを満たしていると認められる場合には検討委員会の委員は債務者に対してその旨の確認書を交付する。
⑦　検討委員会委員による調査結果の報告と第2回債権者会議
　検討委員会の委員は第2回債権者会議に先立ち対象債権者全員に対し再生計画案の調査結果を報告する。第2回債権者会議では検討委員会委員の報告および債務者に対する質疑応答、ならびに再生計画案に対する出席した対象債権者間の意見交換を行う。そして対象債権者が書面により同意不同意を表明する期限を定める。
⑧　再生計画の成立
　対象債権者全員が再生計画案に同意する旨の書面を提出した時に再生計画案は成立する。なお、同意期限までに対象債権者全員の同意が得られないときは、本手続による私的整理は終了し、債務者は法的倒産処理手続開始の申立てなど適切な措置を講じる。

(3) 再生計画策定支援が完了した案件のフォローアップ

再生計画成立後、協議会と主要債権者が連携して、おおむね3年間程度の期間、定期的に取引先の計画達成状況等についてモニタリングを行う。協議会はモニタリングの結果をふまえて、必要に応じて外部専門家の協力を得て再生計画達成に向けた助言を行う。

(注) 上記協議会の手続については、「中小企業再生支援協議会事業実施基本要領」および「中小企業再生支援協議会の支援による再生計画の策定手順（再生計画検討委員会が再生計画案の調査・報告を行う場合）」を参照した。

1-6 地域経済活性化支援機構（REVIC：Regional Economy Vitalization Corporation of Japan）

地域経済活性化支援機構（REVIC）を利用する場合の事業再生手続の流れを教えてください。

地域経済活性化支援機構（以下、「機構」という）が事業再生支援として債権買取り等を行う際（企業再生税制の適用を受けようとする場合）の手続は、次のような流れになっている

(1) 事前相談（2週間〜1カ月程度）、プレ・デュー・デリジェンス（1〜2カ月程度）

機構は事業者やその債権者である金融機関等から事業再生に関する相談を受けたときは、関係者への聞き取り調査や簡易な資産査定（プレ・デュー・デリジェンス）等を実施し、当該事業者が機構の定める支援対象事業者の各要件（「再生支援決定基準」を満たすことなど）を満たす可能性があると判断した場合には事業再生計画の策定支援に着手する。

(2) 資産等の査定（DD）、事業再生計画の策定、事業者・メイン金融機関との協議

　機構は、機構内部の担当チームや外注による財務、事業、法務等に係る資産査定（DD）を通じ、事業者の状況を詳しく把握し、当該事業者の事業再生計画の策定を支援する。事業者は機構等の協力を得ながら再生に向けて必要な施策を立案し、具体的かつ実現可能な事業再生計画を作成する。

(3) 正式な支援の申込み

　原則として、事業再生に向けて重要な役割を担う主要債権者と事業者の連名で行う。

(4) 再生支援決定

　「再生支援決定基準」に基づき当該事業者の再生可能性等を審査し、再生支援の可否を決定する。

> 〈参考〉再生支援決定基準
> 　次の(1)から(4)までのすべてを満たし、事業の再生が見込まれるものでない限り再生支援決定をしてはならない。
> (1) 事業再生が見込まれることを確認するものとして次の①～⑤までのすべてを満たすこと
> 　① メインバンク等との連名での申込みであること、または事業の再生に必要な投融資を受けられる見込みがある等、メインバンク等との連名での申込みの場合と実質的に同程度の再生可能性があることを書面で確認できること。
> 　② 原則として、再生支援決定から5年以内に「生産性向上基準」および「財務健全化基準」を満たすこと。
> 　　㈎ 「生産性向上基準」：以下のいずれかを満たすことが必要。
> 　　　・自己資本当期純利益率が2％ポイント以上向上等
> 　　　・有形固定資産回転率が5％以上向上
> 　　　・従業員1人当り付加価値額が6％以上向上

・上記に相当する生産性の向上を示す他の指標の改善
　(イ)「財務健全化基準」：以下のいずれも満たすことが必要。
　　・有利子負債のキャッシュフローに対する比率が10倍以内（キャッシュフロー＝留保利益＋減価償却費±引当金増減）
　　・経常収入が経常支出を上回ること
③ 清算した場合の債権の価値を、事業再生計画を実施した場合の当該債権の価値が下回らないと見込まれること。
④ 機構が債権買取り、資金の貸付、債務の保証または出資を行う場合、支援決定から5年以内に申込事業者に係る債権または株式等の処分が可能となる蓋然性が高いと見込まれること。
⑤ 機構が出資を行う場合、次の要件をすべて満たすこと。(ア)それが必要不可欠であること、(イ)機構等が出資比率に応じたガバナンスを発揮できる体制を構築すること、(ウ)出資によりメインバンク等の投融資等を受けることができると見込まれること、(エ)企業価値向上により投下資金以上の回収が見込まれること。
(2) 供給過剰構造にある事業分野に属する事業を有する事業者については事業再生計画の実施が供給過剰構造の解消を妨げるものでないこと。
(3) 労働組合等と事業再生計画の内容等について話合いを行ったことまたは行う予定であること。
(4) 申込事業者が株式会社地域経済活性化支援機構法で定める「除外法人」（注）でないこと。

(注) 除外法人：大規模事業者（主務大臣認定の事業者を除く）、地方三公社、第三セクター。
(出典)「株式会社地域経済活性化支援機構支援基準」を基に作成

(5) 買取申込み等の求め、回収等停止要請、債権者説明会等

再生支援決定を行ったときは、直ちに関係金融機関等に対して、債権を機構に売却するか等の回答を求める旨の通知をする。

同時に、機構は関係金融機関等の対象事業者に対する債権回収等により、その再生が困難になると判断した場合には、関係金融機関等に対して回収等停止要請を行う。

また、機構は事業再生計画の内容および再生支援決定日以降の諸手続等のすみやかな理解を得るため回収等停止要請の通知を行った日から、極力早期

に関係金融機関等に対する説明会を開催する。

(6) 買取決定等

機構はすべての関係金融機関等から買取申込み等があったときには、債権買取り等をするかどうかを決定する。一方、債権買取り等の申込期間が満了するまでに買取申込み等が得られず、再生支援に必要な同意が不十分と判断した場合には、すみやかに再生支援決定を撤回する。

また、機構は買取決定を行った後に事業再生計画に基づく出資を行うことができる。

(7) モニタリング

買取決定後、機構は事業再生計画の進捗をモニタリングするとともに、必要に応じて新規資金の融資・保証等に対応することも可能。

(8) 債権等の処分

機構は、再生支援対象事業者に係る債権または株式等を支援決定後5年以内に譲渡等により処分を行うように努める。

(9) 企業名等の公表の扱い

大規模な事業者以外の事業者については一律の公表義務はないので、企業名等を公表することなく機構の支援を受けることが可能。

(注) この手続の流れは、「地域経済活性化支援機構の実務運用標準」を参考にして作成した。なお、「地域経済活性化支援機構の実務運用標準」は、機構が公的な使命を担う機関として企業再生に取り組むにあたって、法人税法25条3項または33条4項（企業再生税制）の適用を受けようとする事業者に係る事業再生の手続や依拠すべき基準等の準則を定めたものであり、機構のホームページにおいて公開されているものである。

1－7　東日本大震災被災者を対象とした再生支援機関

> 東日本大震災の被災者を対象として事業再生支援を実施する再生支援機関の概要を教えてください。

　平成23年3月11日に発生した東日本大震災の影響により、二重債務を抱えることになった事業者の再生を目的に、「個人版私的整理ガイドライン運営委員会」「産業復興相談センター（産業復興機構）」「東日本大震災事業者再生支援機構」が設立されている。

(1)　個人版私的整理ガイドライン運営委員会

　「個人債務者の私的整理に関するガイドライン」に基づく手続を利害関係のない公正中立な立場から円滑に実施するための、第三者機関として全国銀行協会等が設立した一般社団法人である。弁済計画案の作成支援、報告書の作成、債権者間の調整などを行う。

　「個人債務者の私的整理に関するガイドライン」は、東日本大震災の影響によって住宅ローンや事業性ローン等の既往債務を弁済できなくなった個人債務者の債務整理を公正かつ迅速に行い、かつ、個人債務者の自助努力による生活や事業の再建を支援し、さらには被災地の復興および再活性化を目的に、平成23年7月に公表された。

　ガイドライン利用のメリットとしては、次のようなものがあげられる。
① 　破産手続とは異なり個人信用情報の登録などの不利益を回避できる。
② 　専門家費用の補助が受けられる。

(2)　産業復興相談センター（産業復興機構）、東日本大震災事業者再生支援機構

　東日本大震災により被害を受けた中小企業等を対象に、二重債務の解消に

向けて金融機関等が有する債権の買取り等を行う機関として、産業復興相談センター（産業復興機構）および東日本大震災事業者再生支援機構が設立された。

両機関の概要は、次のとおりである。

	産業復興相談センター （産業復興機構）	東日本大震災事業者 再生支援機構
拠点	岩手県、茨城県、宮城県、福島県、青森県、千葉県の6県 （産業復興機構は青森県を除く5県）	仙台・東京
支援対象地域	当該相談センターが置かれた県内	東日本大震災事業者再生支援機構法により指定された地域 ① 震災被害が甚大な地域（1道10県の227市町村） ② 原発事故による農産物の出荷制限指示地域等（1都6県の124市町村）
支援対象企業	中小企業に限定せず被災企業であれば可 （大企業は除く）	中小企業・中堅企業
業務内容	① 相談業務（産業復興相談センター） ② 再生計画策定支援業務（産業復興相談センター） ③ 債権買取り支援業務（産業復興機構） 産業復興相談センターでは、被災事業者からの相談業務、再生計画策定支援業務を行い、債権買取り支援が必要な場合には産業復興機構に引き継ぐ。	① 債権買取り等 ② 資金の貸付、債務の保証、出資、専門家の派遣、助言等

買取価格算定方法	DCF法等	最長15年のDCF法、または簡易な算定方法として回収可能価額とリファイナンス価額の合計額を現在価値に割り戻す手法
参考資料	中小企業再生支援協議会事業（産業復興相談センター事業）実施基本要領 同上Q&A 東日本大震災の被災者等に係る国税関係法律の臨時特例に関する法律17条1項	株式会社東日本大震災事業者再生支援機構法 東日本大震災事業者再生支援機構の実務運用基準 東日本大震災事業者再生支援機構Q&A 東日本大震災の被災者等に係る国税関係法律の臨時特例に関する法律17条1項

第 2 章

私的整理による事業再生における主な金融支援手法

2−1　主な金融支援手法

> 私的整理による事業再生で活用される金融支援手法には、どのようなものがあるか教えてください。

　私的整理による事業再生では、今後の事業継続の支障となる債務超過や、過剰債務などを解消するために、利率や返済条件の変更のほかに次のような金融支援手法が活用されている。

(1) 債権放棄

　債権者が債権の一部を放棄することで再生企業のキャッシュフローおよび財務内容を改善させる手法。

(2) 第二会社方式

　収益性のある事業を会社分割または事業譲渡によって切り離して他の事業者等に承継させ、過剰債務部分は不採算事業とともに元の会社に残して特別清算等の法的整理によって債務免除を受ける手法。

(3) DES（Debt Equity Swap）

　債権者が債権（貸付金）を現物出資し、債務者の株式を取得することによって、債務者の過剰債務を減らし、財務内容を改善させる手法。

(4) DDS（Debt Debt Swap）

　金融機関が保有する貸出金の一部を他の債権よりも返済順位の低い「劣後ローン」に振り替えること。DDSは一定の要件を満たした場合に、金融機関の自己査定における債務者区分の判断において自己資本とみなすことができる。

DDS部分は債務者の借入金（劣後債）として残るが、再生計画期間中、返済のないみなし自己資本として借入金返済負担を軽減させるとともに、取引金融機関が行う自己査定での財務内容を改善させることができる。

2－2　債権放棄の概要と留意点

債権放棄の概要と事業再生で活用する場合の留意点を教えてください。

(1) 債権放棄の概要

　債権放棄は、債権者が金融支援を行う債務者の債権を直接放棄するものである。これにより、債権放棄された金融債務が消滅し、借入金返済負担が軽減されるとともに、債務免除益により債務超過が縮小し財務面の改善が図られる。通常、債権放棄は債務超過金額の範囲内で実施され、債権放棄後に債務超過金額が残る場合には、再建策の実行により、計画3～5年目をメドに解消されるように再生計画が策定される。

債権放棄による財務内容の改善

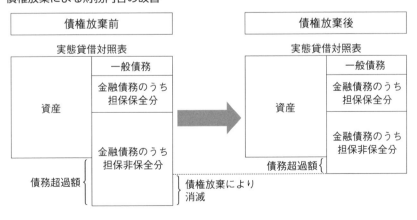

(2) 債権放棄を活用する場合の留意点

　債権放棄を含む再生支援においては、債権放棄金額を適切に設定すること、および取引行が複数ある場合には債権放棄金額の配分が各金融機関に衡平に行われることが求められる。これらを満たす債権放棄金額や各金融機関への配分方法を検討するために、財務DD（注）や事業DD等において財務面および事業面の精査が行われる。

　また、債権放棄が債権者である金融機関に対して損失を確定させるものであるため、経営者や株主は窮境原因を招いた責任を明確にしたうえで経営者責任等を履行することが求められる。

　このほかにも、債権放棄を活用する場合には、債権放棄により発生する債務免除益に対する税務面の検討が必要であるが、これについては次項で解説している。

（注）「3-4　財務DDの内容とチェックポイント」参照。

a　債権放棄金額の考え方

　債権放棄金額が多すぎる場合（過剰支援）、金融機関の役員には善管注意義務違反の問題が生じ、一方、少なすぎると過剰債務を解消できずに債務者の再生が困難になる。

　一般に、事業再生に必要となる金融支援額の検討にあたっては、実抜計画の数値基準（以下、「実抜基準」（注）という）を満たす支援水準が求められる。したがって債権放棄金額は、債務者の実態自己資本金額、債務償還年数、および事業再構築等による今後の収支改善効果等を勘案して実抜基準を満たす水準を検討したうえで、事業再生に必要となる金額が関係者間で協議して決められる。

　なお、公的再生支援機関による再生支援手続では、公正中立の第三者が金融支援額の合理性等を調査・報告することになっているため、善管注意義務違反となるリスクを低減することが可能になる。

（注）　実抜基準……計画3年目までに経常利益の黒字化、計画3～5年目まで

に債務超過解消、債務超過解消時の債務償還年数10年以内。詳細については第3章の「3－3　実抜計画と合実計画」参照。

① 実態自己資本金額（実質債務超過金額）からの検討

　帳簿上の資産、負債について、計上もれや架空計上など会計上の修正事項および不動産の評価損等の調整を行い、これらを調整した実態自己資本金額（実質債務超過金額）を算定する。実抜基準では3～5年以内に債務超過を解消することが求められており、この基準を満たすために必要となる債権放棄金額の概算金額は、「（実質債務超過金額）－（計画期間の利益計上見込額）」で算出される。

② 債務償還年数からの検討

　財務DDでは、要償還債務のうち、フリーキャッシュフローの10倍を超える部分の金額を過剰債務として算定する。フリーキャッシュフローは、過去3期間程度の正常収益力の平均値をベースに、毎期必要となる設備投資金額を控除して計算する。

　実抜基準では、債務超過解消時の債務償還年数が10年以内とされており、5年計画で5年目に債務超過が解消するとした場合には5年後の債務償還年数が10年以内となる。これは計画策定時点から数えると計画期間5年に5年目の債務償還年数10年以内を加算して15年以内となる。この基準を満たすために必要となる債権放棄金額の概算金額は、「（要償還債務）－（フリーキャッシュフロー×15倍）－（計画期間の要償還債務返済額）」で算出される。

③ 事業再構築効果等の検討

　財務DDによる実質債務超過金額、および過剰債務金額は過去の実績に基づいて算定された概算金額であるため、今後の収支改善の見通しによっては必要債権放棄金額が変わってくる。したがって、最終的な債権放棄金額は事業再構築による改善効果や、経営者・保証人責任の履行による財務改善効果等を織り込んで関係者間の協議のうえで決定される。

b 各金融機関への債権放棄金額の配分方法(非保全プロラタと残高プロラタ)

金融債務は担保で保全されている保全金額と、保全されていない非保全金額に分けられる。担保で保全されている保全金額部分については、担保を売却すれば回収できるため債権放棄の対象にはならない。したがって、債権放棄は非保全金額部分から行われる。

金融機関が複数ある場合には、債権放棄金額の各金融機関への配分方法については衡平性が求められ、一般に各金融機関の非保全金額シェアに応じた配分が行われている(「非保全プロラタ」または「信用プロラタ」と呼ばれる)。

財務DDにおいて、各金融機関の借入金の明細、担保設定状況、不動産の評価額等が調査され、各金融機関からの借入金について保全金額および非保全金額が明示される。再生計画案においては、これらのデータを使って、事業再生のために必要となる債権放棄金額を各金融機関の非保全金額シェアで配分することにより金融支援要請が行われる。

なお、債権放棄ではなく借入金の償還条件変更の場合には、借入金残高全額を返済することが前提のため、保全・非保全を考慮する必要がないので、各金融機関への借入金返済金額の配分は返済原資を各金融機関の借入残高

金融支援額の配分例

(単位:百万円)

	計画前借入残高 (A)	保全金額 (B)	非保全金額 (C)=(A)-(B)		債権放棄額 (D)		非保全カット率 (D)/(C)	債権放棄後残高 (A)-(D)		残債年間返済額
A行	1,004	392	56%	612	56%	428	70%	60%	576	60%	38
B行	460	184	26%	276	26%	192	70%	28%	268	28%	18
C行	156	36	11%	120	11%	84	70%	8%	72	8%	5
その他	100	20	7%	80	7%	56	70%	4%	44	4%	3
合計	1,720	632	100%	1,088	100%	760	70%	100%	960	100%	64

債権放棄は非保全シェアで配分 (非保全プロラタ) ← 償還条件変更は残高シェアで配分 (残高プロラタ)

シェアにより配分する「残高プロラタ」が一般的に採用されている。

c 経営責任等

① 経営者責任

　私的整理のガイドラインをはじめ、公的再生支援機関の実施要領等において、債権放棄等を行う場合には経営者責任の明確化が求められている。具体的には経営者は退任が原則とされており、後継者不在や窮境原因への関与度合いが低い等の事情により留任する場合には、私財提供等により経営者としての責任を履行することとされている（ただし、東日本大震災関連の支援機関では、震災の影響を勘案して検討することとされている）。

　なお、平成25年12月に公表された「経営者保証に関するガイドライン」では、私的整理に至った事実のみをもって一律かつ形式的に経営者の交代を求めないこととし、準則型私的整理手続申立て時の経営者が引き続き経営に携わる場合の経営責任等については窮境原因等に対する経営者の帰責性等をふまえた総合的な判断のなかで、保証債務の全部または一部の履行、役員報酬の減額、株主権の全部または一部の放棄、代表者からの退任等により明確化を図ることとされている。

② 株主責任

　債権放棄等が行われる場合には、経営者責任と同様に株主責任の明確化が求められる。具体的には株式の無償譲渡、または増減資により既存株主の割合的地位を消滅あるいは大幅に低下させることなどが行われる。

③ 保証人責任

　債権放棄等が行われる場合には、保証人に保証債務の履行が求められる。通常、保証人が破産などの法的手続をとらない場合には保証人が自身の財産状況を開示したうえで、今後の生活に最低限必要な部分を残してその他の部分を借入金弁済に充当することにより保証債務の全部または一部の履行が行われる。この手続において、保証人は私財の開示内容について表明保証し、万一事実と異なっていた場合には、保証免除が取消しになる旨が定められる。

なお、「経営者保証に関するガイドライン（平成25年12月経営者保証に関するガイドライン研究会）」では、保証債務の履行基準として次のように定めている。

> 「対象債権者は保証債務の履行に当たり、保証人の手元に残すことのできる残存資産の範囲について、必要に応じて支援専門家とも連携しつつ、以下のような点を総合的に勘案して決定する。この際、保証人は全ての対象債権者に対して、保証人の資力に関する情報を誠実に開示し、開示した情報の正確性について表明保証を行うとともに、支援専門家は、対象債権者からの求めに応じて、当該表明保証の適正性について確認を行い、対象債権者に報告することを前提とする。
>
> 　なお、対象債権者は、保証債務の履行請求額の経済合理性について、主たる債務と保証債務を一体として判断する。
>
> イ）保証人の保証履行能力や保証債務の従前の履行状況
> ロ）主たる債務が不履行に至った経緯等に対する経営者たる保証人の帰責性
> ハ）経営者たる保証人の経営資質、信頼性
> ニ）経営者たる保証人が主たる債務者の事業再生、事業清算に着手した時期等が事業の再生計画等に与える影響
> ホ）破産手続における自由財産（破産法第34条第3項及び第4項その他の法令により破産財団に属しないとされる財産をいう。以下同じ。）の考え方や、民事執行法に定める標準的な世帯の必要生計費の考え方との整合性」

（出典）「経営者保証に関するガイドライン」より

2−3 債権放棄が行われた場合の債務者の税務

私的整理により債権放棄が行われた場合の債務者の税務について教えてください。

　私的整理により債権放棄が行われると、債務者には債務免除益が発生する。税務上この債務免除益は益金に算入され、原則として債務免除益以上の損金がないと納税負担が発生する。せっかく債務免除を受けても多額の税金の支払が発生するようでは事業再生の実現が困難となることから、税務上は一定の債務免除等を受けた場合に課税上の特例を定めている。

(1) 青色欠損金の繰越控除

　債務免除益は税務上「益金」として計上され、「青色欠損金の繰越控除」を適用できる欠損金がある場合はその金額を損金算入した後の金額が課税所得となる。

　「青色欠損金の繰越控除」とは、法人の各事業年度開始の日前10年以内（注1）に開始した事業年度（青色申告の事業年度に限る）に生じた欠損金額を各事業年度の所得金額の計算上、損金算入できる制度である（法人税法57条）（注2）。

　債権放棄が行われて債務免除益が発生した場合に、繰越控除可能な青色欠損金があればその青色欠損金額を損金に算入して課税所得を圧縮できるが、債務免除益の金額が大きく青色欠損金額を超える場合は原則として納税負担が発生することになる。

　（注1）　平成30年4月1日前に終了した事業年度において生じた欠損金額については9年。
　（注2）　資本金が1億円を超える等の一定の法人の控除限度額は、繰越控除をする事業年度のその繰越控除前の所得の金額の100分の50相当額（平成30年4月1日以降開始事業年度の場合）とされている。

(2) 企業再生税制等

　事業再生手続において、債務免除益が発生した場合には、一定の要件を満たすことにより、「合理的な再建計画に基づく資産の整理があった場合の特例」または、「企業再生税制」により、期限切れ欠損金（注）の損金算入等の措置を適用することができる。事業再生の対象となる企業は、通常、多額の欠損金を抱えているため、期限切れ欠損金の損金算入により債務免除益の課税を回避できるケースが多い。

　　（注）　期限切れ欠損金……期限切れ欠損金とは、青色欠損金の繰越控除の対象となる欠損金以外の欠損金のことで、①前事業年度以前から繰り越された税務上の欠損金の合計額から②青色欠損金額を控除して計算する。①の金額は、法人税申告書別表五（一）の「利益積立金額及び資本金等の額の計算に関する明細書」に期首現在利益積立金額の差引合計額として記載されている金額である。

	要　件	特例の内容
①　合理的な再建計画に基づく資産の整理があった場合の特例	再建計画に恣意性がなく、合理性がある	期限切れ欠損金の損金算入（優先控除はできない）
②　企業再生税制	民事再生法の法的整理に準じた一定の私的整理	①　評価損益の計上 ②　期限切れ欠損金の優先控除

a　合理的な再建計画に基づく資産の整理があった場合の特例（法人税法59条2項）

　債権放棄等が多数の債権者によって、協議のうえ決められる等その決定について恣意性がなく、かつ、その内容に合理性がある（合理的な再建計画に基づくもの）と認められる資産の整理があった場合には、期限切れ欠損金を損金算入することができる（法人税法施行令117条5号、法人税基本通達12－3－1(3)）。

　「私的整理に関するガイドライン」「中小企業再生支援協議会」「RCC企業

再生スキーム」「特定認証紛争解決手続（事業再生ADR）」および「企業再生支援機構（地域経済活性化支援機構に改組）」により策定された再建計画については国税庁への事前照会による回答により、一定の条件のもとで合理的な再生計画に該当することが確認されている。

個別の再生計画が合理的な再建計画に該当するか否かなどは、国税局で事前照会に応じているので、債権放棄を行う場合には事前に確認するべきである。

b　企業再生税制（法人税法25条3項（資産の評価益）、33条4項（資産の評価損）、59条2項（期限切れ欠損金の優先控除））

平成17年度税制改正で、抜本的な事業再生の円滑化を図るために、民事再生法等の法的整理またはこれに準じた一定の私的整理が行われる場合に、その債務者である法人について、①資産の評価益または評価損の額を益金の額または損金の額に算入する措置と、②上記①の適用を受ける場合に繰越欠損金額の損金算入について期限切れ欠損金を青色欠損金に優先して控除する措置が講じられた。

①（資産の評価損益）については、平成17年の改正前は資産の含み損は当該資産を売却しなければ損金計上できなかったが、この改正により一定の条件のもとで資産の売却を待たずに損金計上ができるようになった。また、aで解説した「合理的な再建計画に基づく資産の整理があった場合の特例」では青色欠損金を先に控除し、その後、課税所得が残っている部分に期限切れ欠損金を使うことになっている。これだと青色欠損金を先に使うため債務免除後の再建期間中に利用できなくなり（または少なくなり）、青色欠損金額を超える所得をあげると納税負担が発生することになる。これに対して②（期限切れ欠損金の優先控除）では、期限切れ欠損金を優先控除することができるので、青色欠損金を温存することが可能になり、再建期間中の収益に対しては再建計画前に発生した青色欠損金をフルに使うことにより納税負担を軽減することが可能になる。

この企業再生税制の適用対象となる「民事再生法等の法的整理に準じた一

定の私的整理」とは、次の要件を満たすものとされている（法人税法施行令24条の2第1項）。

① 一般に公表された債務処理を行うための手続についての準則に従って再生計画が策定されていること。
② 公正な価額による資産評定が行われ、その資産評定に基づく貸借対照表が作成されていること。
③ 上記②の実態貸借対照表に基づく債務超過の状況等により債務免除等をする金額が定められていること。
④ 二以上の金融機関が債務免除等をすることが定められていること（政府関係金融機関、地域経済活性化支援機構またはRCCは単独放棄でも可）。
（①～③の要件に該当することについては、第三者機関等が確認する必要がある）

国税庁への事前照会に対する文書回答により、「私的整理に関するガイドライン及び同Q&A」「RCCが定める準則」「中小企業再生支援協議会が定める準則」「特定認証紛争解決手続きが定める準則」「地域経済活性化支援機構が定める準則」は、上記①の準則に該当することが確認されている。

> （注）再生案件の税務の取扱いについては、税制改正が毎年行われていること、各税制適用の可否判断がむずかしいこと等から税理士等の専門家に相談するべきである。

【設　例】

私的整理手続により債務者A社が金融機関から下記の債務免除を受けた場合について、繰越欠損金の控除や企業再生税制の適用の有無による法人税への影響をケース別に検討する（税率を含めて数値は仮置き）。

　　債務免除額（計画0期目に実施）　100
　　実質債務超過　▲140
　　青色欠損金　30
　　期限切れ欠損金　80
　　資産評価損　30
　　計画1期目から3期目までの毎年の欠損金控除前の所得金額　10

実効税率　35％　（資本金は1億円以下。大法人の子会社ではない）

【資　産】	【負　債】
130 （時価　100） 【債務超過】 ▲110 （実質　▲140）	240

① ケース1

合理的な再建計画がない場合⇒期限切れ欠損金の控除不可
・計画0期目（債務免除益以外の課税所得なし）
債務免除益100－青色欠損金30＝課税所得70
課税所得70×実効税率35％＝法人税額24.5
・計画1～3期目
青色欠損金なし
課税所得10×35％＝3.5　毎年3.5の課税
・計画3年目までの課税額合計
　0期　　　　　　24.5
　1～3期3.5×3年＝10.5
　合計　　　　　　35.0

② ケース2

合理的な再建計画あり。ただし、金融機関1行取引のため、企業再生税制の適用なし⇒期限切れ欠損金の控除可能（ただし優先控除は不可）
・計画0期目
債務免除益100－青色欠損金30－期限切れ欠損金70＝課税所得0
・計画1～3期目

青色欠損金なし

課税所得10×実効税率35％＝3.5　毎年3.5の課税
・計画3年目までの課税額合計

　0期　　　　　　　　0

　1～3期3.5×3年＝10.5

　合計　　　　　　　10.5

③　ケース3

　中小企業再生支援協議会の支援による再生計画の策定手順に従って策定された再生計画により債権放棄が行われ、企業再生税制の適用があることにつき国税庁の事前照会で確認を受けた場合⇒期限切れ欠損金の優先控除および資産評価損の損金算入可能

・計画0期目

　債務免除益100－資産評価損30－期限切れ欠損金70＝課税所得0

・計画1～3期目

　欠損金控除前の所得金額10－青色欠損金10＝課税所得0

　計画3期目まで、青色欠損金控除により課税所得0

・計画3年目までの課税額合計

　　0期　　　　　　　0

　　1～3期　　　　　0

　　合計　　　　　　0

2-4 債権者および保証人の税務

債権放棄等が行われた場合の、債権者および保証人の税務上の取扱いを教えてください。

(1) 債権者の税務

原則として債権放棄損は寄付金として扱われ、税務上、損金算入を制限される。しかし、合理的な再建計画に基づく場合等、一定の条件を満たす場合には債権放棄に係る損失について寄付金とはみなさずに損金の額に算入することができる。

a 原則（法人税法37条）

法人である債権者が経済合理性のない債権放棄をした場合、法人税法上では寄付金として扱われ、会社決算上費用処理した金額が損金算入限度額を超えるときにはその超える部分は損金に算入されない。

b 合理的な再建計画に基づく場合（法人税法基本通達9-4-2）

法人がその子会社等（金融機関の取引先を含む）に対して債権放棄等をした場合において、業績不振の子会社等の倒産を防止するためにやむをえず行われるもので「合理的な再建計画」に基づくものである等、その債権放棄をしたことについて「相当な理由」があると認められるときには、その債権放棄等により供与される経済的利益の額は寄付金に該当しないものとされる。

合理的な再建計画に該当するかどうかを判断する際の検討項目などは、国税庁ホームページ「No.5280　子会社等を整理・再建する場合の損失負担等に係る質疑応答事例等」に示されている。また、「私的整理に関するガイドライン」「中小企業再生支援協議会」「RCC企業再生スキーム」「特定認証紛争解決手続（事業再生ADR）」および「企業再生支援機構（地域経済活性化支援機構に改組）」により策定された再建計画については国税庁への事前照会に

より、一定の条件のもとで合理的な再建計画に該当することが確認されている。

個別の再建計画が合理的な再建計画に該当するか否かなどは、国税局で事前照会に応じているので、損金算入に疑問がある場合には、事前に確認するべきである。

c 第二会社方式の場合

分割会社において特別清算に係る協定の認可決定があって債権放棄に応じた場合には、法人税基本通達9－6－1(2)（金銭債権の全部又は一部の切捨てをした場合の貸倒れ）を根拠に貸倒損失として処理することが可能である。

(2) 保証人の税務

a 原則（所得税法59条）

私的整理手続において、①保証人が保証債務を履行するために個人の資産を譲渡すると、保証人は当該資産の譲渡益に対して譲渡所得税が課税される。また、②保証人が再生企業に対して私財を無償または時価の2分の1未満の対価で譲渡すると時価により譲渡があったものとみなして当該資産の譲渡益に対して譲渡所得税が課税される。

b 保証債務の特例

① 保証人が保証履行し、求償権（注）が行使不能の場合（所得税法64条2項）

保証人が保証債務の履行のために不動産等の資産を譲渡し譲渡所得が発生したとしても、保証債務の履行に伴う求償権の行使が不能と判断される場合は譲渡所得がなかったものとみなされる。

（注） 求償権……債務者以外の者が債務者の債務を弁済したときに、弁済した者が、その債務者に対してもつ返還請求権のこと。

② 合理的な債務処理計画に基づく私財提供（保証人から再生企業への提供）の場合（租税特別措置法40条の3の2）……「合理的な債務処理計画」に基づき、再生企業の保証人となっている取締役等が平成25年4月1日から平

成31年3月31日までの間に行う事業用資産の私財提供については、以下の要件を満たすことにより、譲渡所得が非課税とされる。
 (ⅰ) 当該個人が、当該債務処理計画に基づき、当該内国法人の債務の保証に係る保証債務の一部を履行していること。
 (ⅱ) 当該債務処理計画に基づいて行われた当該内国法人に対する資産の贈与および前号の保証債務の一部の履行後においても、当該個人が当該内国法人の債務の保証に係る保証債務を有していることが、当該債務処理計画において見込まれていること。
 (ⅲ) 当該内国法人が、当該資産の贈与を受けた後に、当該資産をその事業の用に供することが当該債務処理計画において定められていること。
なお、「合理的な債務処理計画」とは、企業再生税制の適用要件を満たす再建計画である。
 (ⅳ) 平成21年12月4日から平成28年3月31日までの間に一定の償還条件変更が行われていること。

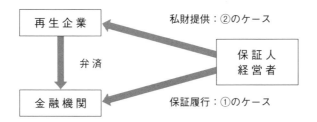

(注) 租税特別措置法40条の3の2は平成31年3月31日までの時限立法であり、期限後は廃止を含めて見直される可能性がある。再生案件の税務の取扱いについては、税制改正が毎年行われていること、各税制適用の可否判断がむずかしいこと等から税理士等の専門家に相談するべきである。

2－5　第二会社方式の概要と留意点

第二会社方式を活用した事業再生支援の概要と留意点を教えてください。

(1) 第二会社方式の概要

　第二会社方式による事業再生手法とは、過剰債務・債務超過の状況にある企業（以下、「分割会社」という）が、事前に金融機関の同意を得たうえで、収益性のある事業部門を会社分割または事業譲渡（注）によって切り離して他の企業（以下、「承継会社」という）に承継させ、分割会社は事業譲渡代金等により金融債務の一部を弁済した後、特別清算または破産（法的整理）手続によって清算し、残った金融債務は法的整理手続のなかで債務免除を受けることにより過剰債務を解消する手法である。

第二会社方式による事業再生

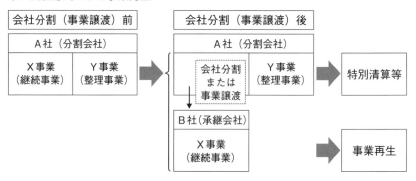

　（注）　会社分割と事業譲渡……第二会社方式では、会社分割または事業譲渡により収益性の認められる事業を移転する。会社分割とは、「株式会社又は合同会社がその事業に関して有する権利義務の全部又は一部を分割後他の会

社又は分割により設立する会社に承継させることをいう。」（会社法2条29号、30号）と定義されている。一方、事業譲渡は法律上の定義はなく、一定の営業の目的のため組織化され有機的一体として機能する財産の全部または重要な一部を譲渡し、これによって営んでいた営業的活動の全部または重要な一部を譲受人に受け継がせるものをいう（最高裁判決昭和40年9月22日から引用）。

　この2つは、手続、許認可の取扱い、課税上の取扱い等で違いがあり、個別の案件ごとにどちらが有利か検討し、有利なほうを採用する。「2－7　会社分割と事業譲渡」においてこれらの違いについて解説している。

(2) 第二会社方式を活用する場合の留意点

a　金融債務の処理方法

　第二会社方式では会社分割または事業譲渡を行う際に、承継会社が分割会社に対して事業価値相当分の対価（現金または承継会社の株式等）を支払う。この対価については、①承継会社が独自に資金調達し、事業譲渡代金を分割会社に支払う場合と、②承継会社が、事業譲渡代金を支払うかわりに、分割会社の金融債務の一部を免責的債務引受する場合とがある。

　①の場合では、分割会社は承継会社から受け入れた対価および分割会社に残った非事業用資産の処分代金等を金融債務の返済に充当し、残った金融債務は特別清算等の手続のなかで債務免除を受ける。金融機関側では、譲渡対価等により弁済を受けた残額は債権放棄となり、承継会社に金融債権は残らない。

　②の場合では、分割会社の金融債務のうち、移転した事業の事業価値相当額を、承継会社が引き継ぐ（免責的債務引受）ため、金融機関は承継会社の債権者として残ることになる。分割会社に残った金融債務は、非事業用資産の処分代金等による弁済後に特別清算手続のなかで、債務免除を受ける。

【②の場合の金融債務の処理の例】

① 　A社はX事業とY事業を行っていたが、X事業を残し、Y事業を清算することとした。
② 　X事業用資産と、X事業の事業価値相当額の金融債務を新設のB社が引

き継ぐ。取引先関係や各種ノウハウなど有形資産以外の価値を勘案して事業価値は資産の価額よりも大きくなり、金融債務は保全部分（＝資産価額）に加えて、非保全部分の一部が引き継がれる。B社が引き継ぐ負債金額と資産の価額との差額は「のれん」として計上される。

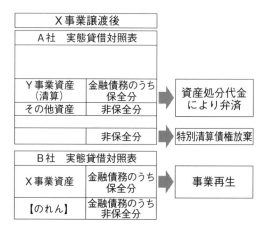

③ A社には清算予定のY事業用資産と遊休資産等、およびB社に引き継がれなかった金融債務が残る。
④ Y事業用資産とその他遊休資産の処分代金によりA社に残った金融債務の一部を弁済した後、残債務は特別清算等の手続により債務免除を受ける。
⑤ B社は再生計画に従ってX事業の事業再生に取り組み、引き継いだ金融債務は分割返済する。

b のれんの計上
① 「のれん」の意義

事業譲渡または非適格会社分割の場合（注）、譲渡対価の額（または、対価として交付を受けた分割承継法人株式の時価）と承継会社が受け入れた資産・負債の時価純資産価額との差額は、承継会社において「のれん」として計上される。「のれん」は会計上の用語であり、法人税法では「資産調整勘定」

とされている。「のれん」の構成要素としては販売ルート、仕入ルート、生産技術、技術開発力、その他従業員等の習得しているノウハウ等の無形の資産が考えられる。

(注) 適格会社分割の場合には、承継資産は簿価で引き継がれるため、のれんは発生しない。

承継会社の貸借対照表の構成と「のれん」

[譲渡対価の支払がある場合]

承継資産 (時価)	承継負債
	譲渡対価
のれん	

[金融債務を承継する場合]

承継資産 (時価)	承継負債 (金融債務を含む)
のれん	

「のれん」＝譲渡対価等の額－受け入れた資産・負債の時価純資産価額

② のれんの償却

のれんの償却期間は、会計上は20年以内のその効果の及ぶ期間、税務上は5年間の月割償却と、取扱いが異なっている。会計処理において、税務と異なる償却期間を設定した場合は、税務申告時に申告調整を行う。

c 事業価値の検討

第二会社方式では、承継事業の事業価値相当額が譲渡対価として分割会社に交付されて金融債務の弁済原資となるか、または事業価値相当額の金融債務が承継会社に引き継がれる（債務引受）。分割会社に残った金融債務は譲渡対価で一部弁済され、または一部債務引受された後に残額は特別清算手続等のなかで債務免除を受ける。このように債務免除の金額は承継事業の事業価値によって決まるため、第二会社方式による事業再生支援にあたっては、事業価値の検討が重要になる。

一般に、事業価値の検討は承継事業の予測フリーキャッシュフローをベースにしたDCF法により行われることが多い。DCF法等による事業価値の算

出方法についての詳細は「2-8　事業価値の算定」において解説している。

d　第二会社方式の特徴

債権放棄等と比べて、第二会社方式には次のような特徴がある。

① 　第二会社方式のメリット

・現債務者を清算するため、経営者責任、株主責任等の所在が明確になる。
・分割会社に残った債権は、法的整理（特別清算または破産）により処理するため、債権者（金融機関）は債権放棄の場合に比べて税務上損金処理することが容易になる。
・分割会社に係る想定外の債務の承継リスクを遮断しやすいので、スポンサーの協力が得やすい。

② 　第二会社方式の留意点

第二会社方式には①のようなメリットがある一方で、次のような点には留意が必要である。

・許認可を引き継ぐことができるか検討が必要である。会社分割の場合は許認可によって引継ぎが認められるものと、認められないものがある。事業譲渡の場合は許認可の引継ぎは認められない。許認可の引継ぎが認められない場合は、承継会社が事前に許認可を得てから分割する等の対応策を検討する。
・承継会社に不動産を移転させる場合には、登記手続が必要となり、不動産取得税や登録免許税などのコストがかかる。

(3)　濫用的会社分割

①　平成26年会社法改正前の対応

会社法では、債権者を保護するための制度として会社分割に異議を述べる制度を規定しており、異議を述べた債権者は原則として弁済や担保提供を受けることができる。しかし、分割承継会社に債権が承継されず、分割会社に残存する債権の債権者には異議申立てが認められていなかった。

本来、第二会社方式により私的整理を行う場合には金融債権者と相談し承諾を得たうえで実行すべきものだが、この会社法の規定を悪用して、金融債権者の承諾を得ずに、優良資産や事業継続に必要な負債だけ承継会社に移し、金融債務を分割会社に残すというような濫用的会社分割が行われる事例がみられた。

　このような濫用的な事例に対して、債権者が自己の債権保護のためには次のような対抗策がとられていた。

　　a　詐害行為取消権の行使

　詐害行為取消権（民法424条1項）は、濫用的会社分割の効果を取り消し、承継会社に流出した優良資産を取り戻したり、流出財産相当の金銭を残存債権者に支払わせるもの。

　　b　商号続用責任の類推適用

　承継会社が分割会社の商号をそのまま用いて事業を継続している場合、残存債権者が会社法22条1項に基づく商号続用責任の類推適用により承継会社に対して残存債権の支払を請求するもの。

　　c　法人格否認の法理の適用

　濫用的会社分割が行われた場合に、その会社分割が分割会社と承継会社の法人格の独立性を利用した行為であるとして分割会社と承継会社の独立性を否定し、両法人の法人格を同一とみることで債権者は承継会社に債務の履行を請求するもの。

　② 平成26年会社法改正による債権者の保護

　平成26年6月20日に、詐害的な会社分割等における債権者の保護を図るための措置が講じられた会社法の改正案が国会で可決され成立し、平成27年5月1日に施行された。この改正により分割会社が、承継会社に承継されない債務の債権者（残存債権者）を害することを知って会社分割をした場合、残存債権者は承継会社に対して、承継した財産の価額を限度として当該債務の履行を請求できることとなった（会社法759条4項）。上記①a民法の詐害行為取消権では裁判所への訴えが必要であったところ、新制度では裁判外でも

承継会社に直接債務の支払を求めることができるもので、債権者にとっては濫用的会社分割があった場合に対応しやすくなったと考えられる。

〈参考〉会社法　第759条

（1項～3項　省略）
4　第一項の規定にかかわらず、吸収分割会社が吸収分割承継株式会社に承継されない債務の債権者（以下この条において「残存債権者」という。）を害することを知って吸収分割をした場合には、残存債権者は、吸収分割承継株式会社に対して、承継した財産の価額を限度として、当該債務の履行を請求することができる。ただし、吸収分割承継株式会社が吸収分割の効力が生じた時において残存債権者を害すべき事実を知らなかったときは、この限りでない。
5　前項の規定は、前条第八号に掲げる事項についての定めがある場合には、適用しない。
6　吸収分割承継株式会社が第四項の規定により同項の債務を履行する責任を負う場合には、当該責任は、吸収分割会社が残存債権者を害することを知って吸収分割をしたことを知った時から二年以内に請求又は請求の予告をしない残存債権者に対しては、その期間を経過した時に消滅する。効力発生日から二十年を経過したときも、同様とする。
7　吸収分割会社について破産手続開始の決定、再生手続開始の決定又は更生手続開始の決定があったときは、残存債権者は、吸収分割承継株式会社に対して第四項の規定による請求をする権利を行使することができない。
（8項以下　省略）

2-6　第二会社方式の税務

第二会社方式による金融支援が行われる場合の、分割会社および承継会社の税務上の取扱いを教えてください。

(1) 分割会社の税務

　a　債務免除益

　第二会社方式では、会社分割または事業譲渡を行った後に清算する法人（分割会社等）に残った債務は、特別清算等の手続のなかで実質的な債務免除を受けることになる。この際に債務免除益が発生することになるが、法人が解散した場合において、残余財産がないと見込まれるときには期限切れ欠損金に相当する金額を、青色欠損金等の控除後の金額を限度として損金に算入することができる（法人税法59条3項）。私的整理の対象になる企業は通常債務超過であり、解散の際に残余財産はないと見込まれるので、この特例の適用により課税負担を回避できるケースが多い。

　b　資産譲渡益

　会社分割が税法上の一定の要件を満たした適格会社分割（注）に該当する場合は、分割により移転する資産の含み益に対する課税の繰延べ等が認められる。しかし、事業再生のために第二会社方式で会社分割を行う場合には通常は非適格会社分割となり、事業譲渡の場合と同様に、資産譲渡益に対する課税を考慮する必要がある。この場合、aの債務免除益と同様に期限切れ欠損金を損金に算入することにより課税が回避できるか検討する。

　（注）　適格会社分割……会社分割は税務上、適格会社分割と非適格会社分割に分けられる。①企業グループ内における適格分割の要件、または、②共同事業を営むための適格分割の要件を満たすと適格会社分割となり、資産は簿価で譲渡されるため資産譲渡益は発生しない。しかし、事業再生のための第二会社方式の場合、分割法人は会社分割後に清算するため①の要件の

うち支配関係の継続要件を満たさないこと、および②の要件のうち分割法人が取得した分割承継法人株式の継続保有要件を満たさないことから、通常は非適格会社分割となることが多い。

(2) 承継会社の税務

a 「のれん」（資産調整勘定）の償却（法人税法62条の8）

「のれん」は、法人税法では「資産調整勘定」といい、5年間で月割償却し、償却費は損金算入することになっている。したがって、承継会社では会社分割後5年間は「のれん」計上により課税所得を圧縮することが可能になる。

b 「のれん」についての留意点

① 資産超過差額の扱い（法人税法施行令123条の10第4項）

「のれん」（資産調整勘定）は5年間月割償却により損金算入の規定が定められている。しかし、「のれん」の金額を不当に高く評価して新会社の損金算入額を増やすような租税回避行為が行われた場合には、その不当に高く評価した部分の金額は「資産等超過差額」として償却することはできないことになっている。したがって、「のれん」の金額の基礎となる事業の譲渡価額の算定根拠等の客観性確保には留意する必要がある。

② 会計と税務における償却方法の違い

「のれん」は税務上5年間の月割償却であるが、会計上は20年以内の適正期間で償却することとされている。会計上の償却期間が税務上の償却期間と異なる場合には申告調整が必要になる。

〈参考〉会計と税法の「のれん」償却方法の違い

会　　　計	法人税法
【のれん】 ・20年以内の適正期間で償却	【資産調整勘定】 ・5年間の月割償却 　（会計上損金経理金額と異なる場

	合は申告調整） ・「資産等超過差額」は資産調整勘定から除かれる。

(注) 再生案件の税務の取扱いについては、税制改正が毎年行われていること、各税制適用の可否判断がむずかしいこと等から税理士等の専門家に相談するべきである。

【設　例】
　債務者A社が第二会社方式により金融支援を受ける場合、期限切れ欠損金の損金算入やのれん償却を実施することによる法人税への影響について検討する。

① A社：会社分割前
　　実質債務超過　▲140
　　青色欠損金　30
　　期限切れ欠損金　80
　　資産評価損　30
　　計画1期目から3期目までの毎年ののれん償却前・欠損金控除前の所得金額　10（計画0期は債務免除益以外の課税所得金額0）
　　実効税率　35％（A社は資本金1億円以下。大法人の子会社ではない）

【資　産】 130 （時価　100） 【債務超過】 ▲110 （実質　▲140）	【負　債】 240

　承継会社は、A社から資産130（時価100）、負債140を引き継ぐ。譲渡対価

第2章　私的整理による事業再生における主な金融支援手法　87

の支払等はない。A社では会社分割にあたり、移転利益10が発生する。

(譲渡対価等0 −（移転資産簿価130 − 移転負債140）＝移転利益10)

② A社：分割後

特別清算手続のなかで債務100は債務免除を受ける。

【資　産】　0	【負　債】
【債務超過】　▲100	100

③ 承継会社：分割後（会社分割は1期目期首とする）

承継資産・負債を時価で計上。

のれん　40計上

(譲渡対価等0 −（承継資産・負債の時価純資産価額−40）＝のれん40)

【資　産】	【負　債】
100	140
【のれん】	
40	

・計画0期目（A社＝分割会社）

A社は債務超過であり、残余財産がないと見込まれるため、青色欠損金に加えて期限切れ欠損金を損金算入できる。

債務免除益100＋移転利益10 − 青色欠損金30 − 期限切れ欠損金80
　＝課税所得0

・計画1〜3期目（承継会社）

青色欠損なし
のれん償却　40÷12カ月／60カ月＝8／年
　→計画5年目まで、毎年8ののれん償却費を損金算入する。
のれん償却前利益10－のれん償却費8＝課税所得2
課税所得2×実効税率35％＝0.7　毎年0.7の課税
・3年計画の場合：3年間の課税額
　0期　　　　　　　0
　1〜3期　0.7×3年＝2.1
　合計　　　　　　2.1

2-7　会社分割と事業譲渡

> 第二会社方式では、会社分割による場合と事業譲渡による場合がありますが、それぞれの概要とどのような違いがあるのか教えてください。

(1)　会社分割とは

　会社分割は会社の事業に関して有する権利義務の全部または一部を他の会社に承継させる組織法上の制度である。会社法では「株式会社又は合同会社がその事業に関して有する権利義務の全部又は一部を分割後他の会社又は分割により設立する会社に承継させることをいう。」（会社法2条29号、30号）と定義されており、企業の一部門を切り離して新会社を設立（新設分割）したり、既存の別会社に引き継がせる（吸収分割）ことにより実行される。

　会社分割での移転資産の対価としては、承継会社の株式が交付（発行）されるケースが多いが、会社法では、吸収分割においては移転資産の対価として承継会社の株式以外のもの（たとえば、金銭、他社株式など）も認めており、承継会社が移転資産の対価として分割会社に現金を支払い、分割会社は

その対価を金融債務の弁済に充当することも可能である（注）。

なお、会社分割では簿外負債や保証債務などの偶発債務も承継会社に承継される危険性がある。偶発債務リスクを遮断するためには事業譲渡を利用するか、または承継会社が引き継ぐ権利義務を特定して分割契約に列挙する等、契約方法を工夫してできるだけ偶発債務を引き継ぐリスクを小さくするように対応する必要がある。

> （注） 承継会社が移転資産の対価として現金を分割会社に支払うかわりに、対価相当額の分割会社の金融債務を免責的債務引受するケースも多い。事業譲渡においても同様である。

(2) 事業譲渡とは

特定の事業の営業財産（土地建物、知的財産、従業員、取引先を含む包括的なもの）の全部または一部を他の会社に譲渡することであり、一般に譲渡代金として資金の移動がある場合が多い。債務の承継や担保権の変更を行う場合には、個別債権者ごとに譲渡先との手続が必要になる。不動産を移転させる場合には不動産取得税や登録免許税等のコスト負担が発生する。しかし、譲渡する資産・負債を選別することができること、簿外債務や偶発債務を引き継ぐリスクが小さいこと等のメリットがある。引き継ぐ不動産が少ない場合や、簿外債務引継ぎリスクをできるだけ回避したい場合などに多く用いられる。

(3) 会社分割と事業譲渡の違い

会社分割と事業譲渡の主な違いは、以下のとおりである。個別の案件ごとに、手続やコスト等を比較して、有利なほうを選択する。

① 手　　続

会社の意思決定手続では、原則としてどちらも株主総会の特別決議が必要である。債務の承継には事業譲渡の場合は債権者の個別の承諾をとることが必要であり、一方、会社分割の場合は個別の承諾は不要だが債権者保護手続

が必要となっている。

したがって、債権者が多く、個別の承諾をとることが困難な場合は会社分割が適しており、債権者数が少なく、個別承諾を容易にとれる場合は事業譲渡が適している。

② 移転コスト

資産移転コストでは、会社分割の場合は不動産取得税に優遇措置が設けられており、また、消費税についても事業譲渡では課税されるが会社分割では課税対象外となっている。したがって、不動産等の移転資産が多い場合には会社分割のほうがコスト面で有利になる。

③ 許認可

事業譲渡の場合は許認可の引継ぎは認められない。一方、会社分割の場合は許認可によって、引継ぎが認められる場合もある。

④ 偶発債務

会社分割よりも事業譲渡によるほうが、偶発債務の承継リスクは低くなる。

会社分割と事業譲渡の比較

	会社分割	事業譲渡
手続	会社の意思決定手続は原則として株主総会の特別決議が必要。債権者保護手続、労働者保護手続も必要	会社の意思決定手続は、原則として株主総会の特別決議が必要
対価	原則株式、金銭も認められている	原則金銭
権利義務の移転	包括的に移転	個別的に移転
債務の承継	債権者の個別承諾は不要（ただし、債権者保護手続は必要）	債権者の個別の承諾が必要
従業員の移転	労働契約は承継される 分割契約または分割計画に基づき移転。ただし、労働者の異議申述等の保護手続あり	労働契約は承継されない 当事者の合意、従業員の同意により移転

偶発債務	承継のリスクあり	承継リスクを遮断することが可能
許認可の取扱い	許認可により、承継が認められるものと認められないものがある	原則承継不可能
譲渡損益の取扱い	「適格分割」の場合は課税繰延べ「非適格分割」の場合は課税	課税
資産移転コスト	一定要件のもと、不動産取得税は非課税	不動産取得税は課税される
消費税の取扱い	課税対象外	課税

2-8 事業価値の算定

第二会社方式や再生ファンドへの債権譲渡などで使われる事業価値の算定方法を教えてください。

(1) 事業再生と事業価値

「私的整理に関するガイドライン」では、私的整理による事業再生の対象企業は「事業価値があること」が要件になっている。ここでは、「事業価値があること」について、「営業利益がプラスであること」を例示しており、具体的な事業価値の算定方法を示してはいない。しかし、第二会社方式による事業譲渡が行われる場合などは、金融機関の債権放棄金額は承継事業の事業価値によって決まるため、事業価値の検討が重要になる。

事業価値は、事業の売り手側(債務者および債権者)の売却希望価格と、事業の買い手側(スポンサー等)の買取希望価格の間で、双方の思惑や再生計画の実行可能性などの諸要因をふまえて最終的な金額が決まることにな

る。金融支援を要請された金融機関では、この事業価値が適正かどうか、客観的な事業価値金額の算定により検証する。

〈参考〉事業価値と企業価値と株主価値

　企業価値とは、事業価値に加えて事業以外の非事業資産（投融資）の価値を含めた企業全体の価値とされている。なお、株主価値は、企業価値から有利子負債を差し引いた株主に帰属する価値である。

(2) 事業価値の算定方法

　事業価値を算定する手法は、一般的に、①その事業で将来獲得することが期待される利益やキャッシュフローに基づき評価するインカム・アプローチ、②第三者間や市場で取引されている株式との相対比較で評価するマーケット・アプローチ、③帳簿上の純資産を基礎として、時価評価等の修正を行い評価するネットアセット・アプローチの3つに分類される。

評価アプローチ	評価法
① インカム・アプローチ	DCF法 配当還元法　ほか
② マーケット・アプローチ	類似上場会社法 類似取引法　ほか
③ ネットアセット・アプローチ	時価純資産法 簿価純資産法　ほか

事業継続を前提とした評価では、①インカム・アプローチと、②マーケット・アプローチが適しているといわれている。また、中小企業の事業再生の場合は、大企業との比較が必ずしも適切でない場合が多いこと、類似取引が多くなく情報入手が困難であることなどから、①のインカム・アプローチを使うケースが多い。以下、代表的な評価手法であるDCF法による事業価値の算定をみていく。

DCF法による事業価値の算定

DCF法では再生計画を基に、計画期間中の毎年の予測フリーキャッシュフローを、資本コストで現在価値に割り引き、さらに、計画期間後の継続価値（TV：ターミナルバリュー）を加算して事業価値を求める。算式を示すと次のようになる。

① DCF法の算式

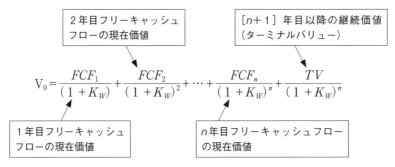

$$V_0 = \frac{FCF_1}{(1+K_W)} + \frac{FCF_2}{(1+K_W)^2} + \cdots + \frac{FCF_n}{(1+K_W)^n} + \frac{TV}{(1+K_W)^n}$$

V_0：第1期首の事業価値

FCF_t：t期の営業フリーキャッシュフロー（注1）

K_W：割引率（加重平均資本コスト）（注2）

TV：ターミナルバリュー（注3）

（注1）　営業フリーキャッシュフロー＝営業利益×（1－T）＋減価償却費－投資支出±運転資本増減額（T：実効税率）

（注2）　割引率……一般には加重平均資本コストとして、次の算式で算出されるものだが、中小企業の事業再生の場合では、おおむね5～15％の範囲内で、実績収支や再生計画の実現可能性等を総合的に勘案して決められることが多い。

$$K_W = \frac{E}{E+D} \times K_e + \frac{D}{E+D} \times K_d \times (1-T)$$

K_W：割引率（加重平均資本コスト）
E：株主資本
D：負債
K_e：株主資本コスト
K_d：負債コスト
T：実効税率

(注3) TV（ターミナルバリュー）……DCF法で事業価値を算定する際に、再生計画終了後の期間に発生するフリーキャッシュフローに基づいて算定される永続価値のこと。計画最終年度翌年度の見込営業フリーキャッシュフローが、その後一定の成長率で増加すると仮定する場合には次の算式で計算される。

$$TV = FCF_{n+1} \div (K_W - G)$$

FCF_{n+1}：計画最終年度翌年度の見込営業フリーキャッシュフロー
K_W：割引率
G：成長率

計画最終年度の営業キャッシュフローが同額のままその後も続くと仮定する場合（成長率＝0）は、「TV＝計画最終年度の営業フリーキャッシュフロー÷割引率」となる。

② DCF法による事業価値の計算例

［収支計画］

・1～5年目　営業利益30、減価償却費5、年間設備投資額10、運転資金増減なし

・6年目以降　営業利益15、減価償却費5、年間設備投資額5（一定）、運転資金増減なし

・割引率10％

［計算例］

・計画期間のFCFは25（＝営業利益30＋減価償却費5－設備投資10）、6年目以降は15（＝営業利益15＋減価償却費5－設備投資5）

　TV＝6年目以降のFCF15÷割引率10％

　　＝150

各年のFCFおよびTVを現在価値に割り引いて計算すると次表のとおり。

	1年目	2年目	3年目	4年目	5年目	6年目以降（TV）	事業価値
FCF	25	25	25	25	25	15	
TV						150	
現価係数 $1/(1+10\%)^n$	0.90909	0.82645	0.75131	0.68301	0.62092	0.62092	
現在価値	22.7	20.7	18.8	17.1	15.5	93.1	187.9

上記の計算で、DCF法による事業価値は187.9と算定される。

2-9 DDSの概要と留意点

DDSの概要と、事業再生で活用する場合の留意点について教えてください。

(1) DDSの概要

DDS（Debt Debt Swap：デット・デット・スワップ）とは、金融機関等が既存の貸出債権を支払順位が一般の債権より低い劣後債権へ転換するものである。DDSは、通常、再生計画期間中に元金の返済が行われないため資金繰りを緩和する効果があり、さらに、一定の要件を満たせば、金融機関の行う自己査定の債務者区分等の判断において債務者の資本とみなすことができる。債権放棄と違って債務は消滅せずに残るが、DDS部分を自己資本とみなすことにより、金融機関の自己査定上、債務超過の金額を圧縮することができる。

収支面は改善の見通しが立っているが、過剰債務または実態自己資本が債務超過のため金融機関からの支援が得られないような場合に、DDSを活用することにより早期に債務超過を解消する再生計画を策定することが可能に

なる。その結果、金融機関における債務者区分がランクアップし金融支援が得やすくなるという効果が期待できる。

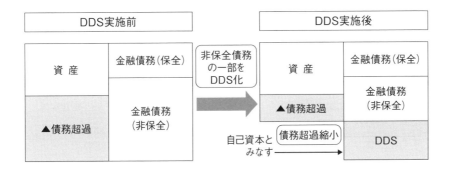

(2) DDSを活用する場合の留意点

a 早期経営改善特例型DDSと准資本型DDS

平成16年2月「金融検査マニュアル別冊〔中小企業融資編〕（改訂版）」において、DDSを債務者区分等の判断において債務者の資本とみなすことができることが明示された。このDDSは中小・零細企業向け要注意債権を対象にしたもので「早期経営改善特例型DDS」と呼ばれる。これ以降、DDSが要注意先を対象とした中小企業の事業再生に活用されるようになった。

その後、平成20年末に「中小企業再生支援協議会版資本的借入金」（以下、「協議会版資本的借入金」という）が公表され、「金融検査マニュアル（改訂版）」においてこの協議会版資本的借入金が「十分な資本的性質が認められる借入金」として債務者区分等の判断において自己資本とみなすことができる旨が示された。この協議会版資本的借入金は従来の「早期経営改善特例型DDS」に対して、「准資本型DDS」と呼ばれ、「早期経営改善特例型DDS」では対象にできなかった破綻懸念先の債務者にも適用できること、債務者の属性や債権者の属性により制限されないため資本性が認められるかどうかの判断が容易であること等の特徴がある。これ以降、「准資本型DDS」は要注意先だ

けでなく破綻懸念先も対象とした事業再生のための金融支援策として活用されるようになった。

「早期経営改善特例型DDS」と「准資本型DDS」について「金融検査マニュアル」および「金融検査マニュアルに関するよくあるご質問（FAQ）」（金融庁）では次のような特徴が示されている。

	早期経営改善特例型DDS	准資本型DDS
金融検査マニュアル上の用語	資本的劣後ローン（早期経営改善特例型）	資本的劣後ローン（准資本型）
貸出主体	金融機関に限る	金融機関等の債権者
対象先	中小企業基本法で規定する中小企業、およびこれに準じる医療法人、学校法人等	制限なし
債務者区分	要注意先（要管理先も可）	制限なし（破綻懸念先を想定）
適用金利	任意	配当可能利益に応じた金利設定 赤字の場合事務コスト相当で可
劣後性	債務者にデフォルトが生じた場合、資本的劣後ローンの請求権の効力は、他の全ての債権が弁済された後に生じる	法的破綻時の劣後性確保が必要 ただし担保解除を行うことが事実上困難な場合には、法的破綻に至るまでの間において、他の債権に先んじて回収しない仕組みが備わっていれば、法的破綻時の劣後性が確保されていなくても可
償還条件	転換時に存在する他の全ての債権及び計画に基づき新たに発生することが予定されている貸出債権が完済された後に元金償還が開始される	5年超に設定した期限に一括償還
期限前弁済	経営改善計画が達成され、債務者の業況が良好となり、かつ、資本的劣後ローンを資本	債務者自らの意思により期限前弁済を行うことは可能 ただし、債権者の意思により期

期限前弁済	とみなさなくても財務内容に問題がない場合に債務者のオプション等により早期償還することができる旨の条項を設けることは可能	限前回収が可能な特約が付されている借入金は認められない

(出典)「金融検査マニュアル別冊〔中小企業融資編〕」(金融庁) および「金融検査マニュアルに関するよくあるご質問 (FAQ)」(金融庁) より引用

b 資本的性質が認められるための要件

平成20年末に公表された「金融検査マニュアル〔改訂版〕」では、「准資本型DDS」について協議会版資本的借入金等を十分な資本的性質が認められる借入金として例示したが、十分な資本的性質が認められるための「要件」は明示されなかった。その後、平成23年11月に金融庁は「十分な資本的性質」が認められるための「要件」を公表し、「准資本型DDS」の条件を明確化した。

明確化前	明確化後
○特定の貸付制度を例示しつつ、当該制度であれば「十分な資本的性質が認められる借入金」とみなすことができる旨を記載。 ○当該貸付制度の商品性は以下のとおり。 〔償還条件〕 ・15年 〔金利設定〕 ・業績悪化時の最高金利0.4% 〔劣後性〕 ・無担保（法的破綻時の劣後性）	○「十分な資本的性質が認められる借入金」とみなすことができる条件を直接明記。 ○条件は以下のとおり。 〔償還条件〕 ・5年超 〔金利設定〕 ・「事務コスト相当の金利」の設定も可能 〔劣後性〕 ・必ずしも担保解除は要しない 　（ただし、一定の条件を満たす必要あり）

(出典) 平成23年11月22日金融庁報道発表資料「資本性借入金の積極的活用について」より引用

この条件明確化を受けて、平成24年に中小企業再生支援協議会では協議会版資本的借入金の条件等を見直し、15年一括償還型DDSは金利設定を当初5年間0.4％から「事務コスト相当の金利」の設定を可能にしたほか、新たに、15年一括償還型だけでなく5年超での期間設定が可能な商品および、担保解除が困難な場合に一定の条件のもとで有担保のままで実行可能な商品を追加した。この結果、償還期間および金利設定が柔軟に決められるようになり、中小企業の事業再生において、より活用しやすい金融支援手法となった。

中小企業再生支援協議会版「資本的借入金」商品一覧

	15年・無担保型	5年超・無担保型	5年超・有担保型
対象先	基本要領における、再生計画策定支援対象企業（各地の中小企業再生支援協議会が第二次対応として認めた案件）とする。	同左	同左
貸出期間	15年期限一括返済	5年超に設定した期限に一括返済	同左
適用金利	事務コスト相当の金利設定可能 当初5年間は固定金利とする（注）。	同左	同左
（法的破綻時の）劣後性	あり	同左	なし （但し、法的破綻に至るまでの間、他の債権に先んじて回収しない仕組みあり）
期限前返済の可否	原則として10年間期限前返済を禁止	期限前返済の禁止規定なし	同左
担保の取扱い	無担保	同左	有担保

保証の取扱い	無保証	無保証 （但し例外あり）	同左
みなし資本の逓減方法	残存期間が5年未満の場合、1年毎に債権額の20％ずつ資本とみなす部分を逓減させる。	同左	同左

(注) 15年・無担保型は従前の協議会版資本的借入金とほぼ同様の条件となっているが、適用金利については、0.4％以外の設定も可能になった。
(出典) 「金融検査マニュアルに関するよくあるご質問（FAQ）」（金融庁）より引用

c　DDSのメリット

事業再生で使われるDDSのメリットを整理すると次のようになる。

① 金融機関の自己査定等において、DDS部分を自己資本とみなすことにより、債務超過額を圧縮することができる。

② 債権放棄と異なり計画が順調に進捗すれば（債権放棄）損失が発生しないため、金融機関の支援を得やすい。

③ DDSは既往債権の償還条件の変更（劣後化）であり、債権放棄ではないため債務免除益が発生しない。このため、税務上の問題が発生するリスクは小さい。

d　その他の留意点

① 「実抜計画」または「合実計画」の策定が必要

協議会版資本的借入金においては、「実抜計画」または「合実計画」基準（注）を満たす経営再建計画を策定することが求められている。

　(注)　「実抜計画」および「合実計画」の具体的な内容は、「3－3　実抜計画と合実計画」参照。

これらの計画では、数値基準が定められており、協議会版資本的借入金の適用にあたっては、原則として、この数値基準を満たす必要がある。

【数値基準】
・実抜計画：実現可能性の高い抜本的な経営再建計画

> 経常利益黒字化：3年以内
> 実質債務超過解消年限：3〜5年以内
> 再建計画終了時点（原則として債務超過解消年度）における有利子負債の対キャッシュフロー比率：おおむね10倍以下
> ・合実計画：合理的で実現可能性の高い経営改善計画
> 経常利益黒字化：3年以内
> 実質債務超過解消年限：おおむね10年以内
> 再建計画終了時点（原則として債務超過解消年度）における有利子負債の対キャッシュフロー比率：おおむね10倍以下

 上記数値基準の達成には、財政面（B／S面）と収支面（P／L面）両面の改善が求められる。DDSの実行により財政面の改善は可能になるが、収支面は自社の努力により改善していかなければならない。実抜計画・合実計画基準を満たす計画策定のためには、実現可能性の高い収支計画を策定できるかどうかがポイントになる。

② 各金融機関が行う金融支援の衡平性が求められる

 複数の金融機関からの借入金がある場合には、原則として、非保全プロラタにより金融機関ごとに金融支援額が配分される。

 ただし、主力金融機関で貸付金シェアの大部分を占めている場合や、DDSに加えて新規融資対応が必要な場合などは、主力金融機関とその他金融機関を分けて主力金融機関でDDS、その他金融機関は新規融資対応や金利減免を行う等、異なる金融支援手法により実質的な衡平性が図られることもある。

【金融支援額の配分例】

① 全行非保全プロラタの例

(単位：百万円)

	計画前借入残高 (A)	保全金額 (B)	非保全金額 (C)=(A)-(B)	DDS金額 (D)	非保全支援率 (D)/(C)	担保処分による弁済 (E)	DDSを除く借入金 (A)-(D)-(E)	求償権消滅保証実行後
A行	390	192	44%	198	44%	119	60%	30	241	397
B行	210	72	31%	138	31%	83	60%	0	127	127
保証協会	210	120	20%	90	20%	54	60%	0	156	0
その他	30	6	5%	24	5%	14	60%	0	16	16
合計	840	390	100%	450	100%	270	60%	30	540	540

非保全シェアでDDSを各行に配分
(非保全プロラタ)

この例は、非保全借入残高合計450に対して270のDDSが必要なケースである。この場合、非保全支援率（DDS金額÷非保全金額）は、60％（270÷450）となるため、全行一律で、各金融機関の非保全金額の60％をDDSとしている。

〈参考〉求償権消滅保証について

　信用保証協会の保証を利用している場合、DDS実行にあたっては、事前に保証協会が保証付貸付金の代位弁済を行い、保証協会が代位弁済後の求償権を保有するかたちにしてから、当該求償権の一部をDDS化する。この例では計画前借入残高とあるのは、保証協会が保証付貸付金を代位弁済した後の残高であり、保証協会の210は求償権となっている。210のうち、54をDDSにすると、差引156の求償権が残ることになる。
　一般に金融機関は求償権が残っている企業に対して新規与信を行うことに消極的であり、せっかく事業再生のための再生計画を策定しても事業継続に必要な新規資金調達が困難な状況に陥ることが多い。このような場合に再生計画の策定を前提に、求償権を消滅させるために必要となる保証を信用保証協会が行うことで民間金融機関からの資金調達を容易にしようとするのが求

第2章　私的整理による事業再生における主な金融支援手法

償権消滅保証制度である。この制度の適用にあたっては、中小企業再生支援協議会等公的再生支援機関関与の再生計画策定案件であること、または、私的整理に関するガイドラインに基づき成立した再生計画案件であること等の要件を満たすことが必要となっている。

この例では、保証協会に残った156の求償権をA行が求償権消滅保証制度を使ってリファイナンスし、求償権を消滅させている。

② 主力行がDDSを実施し、その他行はリファイナンス対応した例

(単位：百万円)

	計画前借入残高 (A)	資産処分による弁済 (B)	保全金額 (C)	非保全金額 (D) = (A)-(B)-(C)	金融支援額 債権放棄 (E)	金融支援額 DDS (F)	(G)=(E)+(F)	非保全支援率 (G)／(D)	リファイナンス (H)	DDSを除く借入金 (A)-(B)-(C)+(H)
D行	210	21	84	8%	105	0	70	9%	70	67%	0	119
E行	84	0	35	4%	49	0		0%	0	0%	140	224
F行	56	0	0	4%	56	0		0%	0	0%	140	196
サービサー	1,260	0	210	83%	1,050	700	0	91%	700	67%	▲560	0
G行	0	0	0	0%	0	0		0%	0	－	280	280
合計	1,610	21	329	100%	1,260	700	70	100%	770	61%	0	819

この例は、サービサーの債権放棄と、その他取引行によるDDSを併用するケース。取引行はD行、E行、F行の3行である。取引行による金融支援として、DDSのほかに債権放棄後のサービサー債権残高5億6,000万円のリファイナンスが必要であったため、メインのD行がDDS実施、E行とF行は、新規取引のG行とともにリファイナンス資金を融資している。金融支援手法は異なるが、必要となる金融支援を分担して実行することにより各金融機関が負担する金融支援の衡平性確保を図ったものである。

2-10　DESの概要と留意点

DESの概要と、事業再生で活用する場合の留意点について教えてください。

(1) DESの概要

DES（Debt Equity Swap：債務の株式化）とは、企業の債務（デット）を資本（エクイティ）に交換（スワップ）するものである。一定の収益を計上する見込みはあるものの、過去の損失等により債務超過に陥っている企業に対して、金融機関が保有する貸付金を株式に振り替えることで、その企業の財務内容を改善し、事業再生の促進を図る場合に利用される。

DESとDDSの比較図

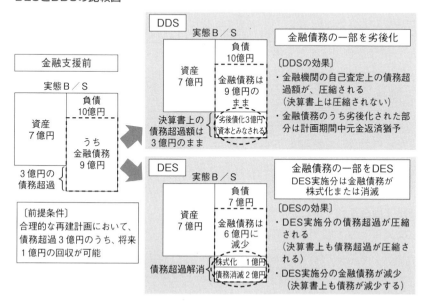

第2章　私的整理による事業再生における主な金融支援手法

(2) 再生支援で活用する場合の留意点

a 「現物出資方式」

DESのスキームでは、債権者が債権を現物出資して株式を取得する「現物出資方式」と、債務者が第三者割当増資を行い、それによって振り込まれた資金を債務の返済に充当する「新株払込方式」（「擬似DES」とも呼ばれる）がある。「新株払込方式」では、借入金を返済する資金を用意する必要があることから、事業再生でDESが行われる場合には、「現物出資方式」によることが一般的である。

b DES対象債権の評価

「現物出資方式」でDESを行う場合、債権をいくらで評価して株式に転換するかが問題になる。債権の評価方法には、債権の額面で評価する「券面額説」と債権の時価で評価する「時価評価説」がある。債務者側では会計上は「券面額説」および「時価評価説」のいずれも認められるが、税務上は、平成18年の税制改正により「時価評価説」をとることが明確化されている。一方、債権者側については、会計上も税務上も「時価評価説」がとられている。「時価評価説」をとる場合には、DES対象債権の時価評価が必要になる。

c 時価評価の方法

DESを行う場合に税務上は「時価評価説」がとられるが、債権の時価評価の方法については法人税法上定められていない。ただし、国税庁は経済産業省からの照会に対する文書回答事例（注）において、企業再生税制の適用対象となる一定の私的整理におけるDESについては「事業再生に係るDES研究会報告書（事業再生に係るDES研究会）」で示す方法によりDES対象債権の時価評価を行ってさしつかえない旨の回答をしている。したがって、一般的には同報告書に基づいて評価額が検討される。

（注）「企業再生税制適用場面においてDESが行われた場合の債権等の評価に係る税務上の取扱いについて（照会）」に係る平成22年2月22日付回答。

> 〈参考〉「事業再生に係るDES研究会報告書」によるDESの評価方法
> ① 回収不能部分のDES
> 　合理的に回収不能とされた部分について、DESを行う場合、現物出資債権（＝DES対象債権）の評価はゼロとなり、債権の券面額が債務者側の債務消滅益となる。
> ② 回収可能部分を含むDES
> 　合理的に回収不能とされた部分に加え、回収可能とされた部分もDESを行う場合、現物出資債権の評価は回収可能額となる。このため、債権の券面額と回収可能額の差額が債務者側で債務消滅益として認識されることになる。
> 　なお、回収可能額は、実態貸借対照表の債務超過金額に、再生計画における損益の見込み等を考慮して算定される。
> ③ 種類株式の評価
> 　DESの際に種類株式が発行される場合も、当該種類株式の評価額は上記①及び②の方法に則って行う。

(出典)「事業再生に係るDES研究会報告書」（事業再生に係るDES研究会）より引用

d　DESにより取得する株式

① 無議決権株式

　金融機関が他の会社の株式を取得する場合には、金融商品取引法による議決権の保有規制（注）があるので注意が必要である。この制約などから事業再生のDESにおいては議決権のない、無議決権株式が利用される場合が多い。

② 取得請求権付株式

　中小企業の場合、一般に、株式に市場性がなく再生計画終了後の株式の処分がむずかしいため、DES実施先に対して金銭を対価としてその取得を請求できる取得請求権付株式が利用される。また、無議決権株式とする場合には普通株式を対価とする取得請求権付株式が利用される。

③ 剰余金の配当および残余財産の分配についての優先株式

　①により無議決権株式とした場合に、事業再生期間中に配当等による社外流出を管理する必要性や、普通株との株式価値のバランスの問題等から優先

株式が利用される場合が多い。
> (注) 金融商品取引法により、銀行は、原則として一定の期間を超えて他の国内会社の議決権の5％超を保有することが禁じられている。

e DESの特徴

DESは、DDSや債権放棄など他の金融支援手法と比べて、次のような特徴がある。

① 債権放棄と違い、債権がなくなるだけでなく、一部が株式として残るため再生計画の進捗により業績が改善するとキャピタルゲインを得られる可能性がある。
② 債権者が株式を取得することにより株主として経営に関与することが可能となり、債務者のモラルハザードを防ぐ効果がある。
③ DDSは債務を劣後化することにより金融機関が自己査定等において資本とみなせるものだが、企業の決算書上は債務のまま計上されている。これに比べてDESは決算書上も資本に計上されるため、金融機関以外の関係者にも財務改善効果が及ぶ。
④ 株主総会特別決議、新株発行手続等の増資のための手続が必要。
⑤ 債務消滅益が発生する場合には税務上の対応が必要になる。

〈参考〉DES・債権放棄・DDSの比較表

	DES	債権放棄	DDS
① キャピタルゲインを得られる可能性	あり	なし	なし
② 株主として経営に関与することでモラルハザードを防ぐ効果	あり	なし	なし
③ 金融機関以外の関係者にも財務改善効果が及ぶ	あり	あり	なし
④ 新株発行手続等のDES実行に手間がかかる	あり	なし	なし

⑤ 債務消滅益等が発生するので、税務上の対策が必要	あり	あり	なし

2-11　DESの税務

再生支援でDESを活用する場合の税務について、教えてください。

(1) 「現物出資方式」による場合の税務

a　非適格現物出資

現物出資型のDESの場合、組織再編税制の適用を受け、税務上は適格現物出資か非適格現物出資に分けられる。適格現物出資では、債権の帳簿価額がそのまま資本金等に振り替わるので、原則として債務消滅差益は発生しない。一方、非適格現物出資では、現物出資による資本金等の増加額はDES対象債権の時価相当額であり、債権の時価が額面金額を下回るときには債務消滅差益が発生する。

金融機関が事業再生でDESを行う場合には通常は適格要件に該当しない

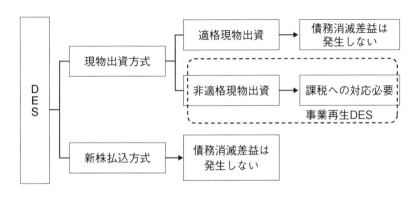

ため、非適格現物出資として扱われることになり、債務消滅差益に対する対応が必要となる。

b　債務者の税務

上記のとおり、金融機関によるDESの場合、通常は非適格現物出資となり財務内容の悪化した企業ではDES債権の時価がその額面金額に比べて下落しているため債務消滅差益が発生する。

債務消滅差益は、平成21年の税制改正により債権放棄が行われたときの債務免除益と同様に企業再生税制を適用できることが明確化された。したがって、企業再生税制の適用要件（注）を満たす場合には、評価損の損金算入および期限切れ欠損金の青色欠損金に対する優先利用などが認められる。また、企業再生税制の要件は満たさない場合であっても、「合理的な再建計画に基づく資産の整理」（注）に該当すれば、期限切れ欠損金の損金算入が認められる。

（注）企業再生税制の適用要件、および合理的な再建計画に基づく資産の整理については、「2－3　債権放棄が行われた場合の債務者の税務」参照。

c　債権者の税務

法人税法基本通達2－3－14において、「合理的な再建計画等の定めるところによりDESを実施した場合には取得した株式の取得価額はDES対象債権の時価となる。」と定めており、非適格現物出資によるDESで債権の時価が現物出資直前の帳簿価額を下回る場合には、その差額は債権譲渡損失として損金に認識される。ただし、事業再生においてDESによる損失は債権放棄による損失と類似した性質であることから、債権放棄と同様に合理的な再建計画に該当しない場合には寄付金として扱われる可能性があるので注意が必要である。

(2)　「新株払込方式」による場合の税務

「新株払込方式」によりDESを行う場合には、債務者が第三者割当増資を行い、増資資金により借入金を返済するので、原則として債務消滅差益等の

課税問題は発生しないと考えられる。

(注) 再生案件の税務の取扱いについては、税制改正が毎年行われていること、各税制適用の可否判断がむずかしいこと等から税理士等の専門家に相談するべきである。

2-12　再生ファンドへの債権譲渡の概要

再生ファンドへの債権譲渡を活用した再生支援手法について、その概要と債権譲渡価格の検討方法を教えてください。

(1) 事業再生ファンドの概要

事業再生ファンドとは、再生可能性のある事業をもつ企業に投資し、事業再生手続により事業価値を高めた後に、株式公開や事業の売却、またはリファイナンスにより利益を得ることを目的とするファンドである。

事業再生ファンドには、投資対象からデット（Debt）投資とエクイティ（Equity）投資およびこれら2つの併用がある。

デット投資では再生対象企業の取引金融機関から、金融債権をファンドが時価で買い取る。その後、大口債権者の立場から再生対象企業の再生支援を行う。再生対象企業の再生が実現し、金融機関からの新規融資が受けられるようになった段階で買取債権の一部の債権放棄と残債権のリファイナンスが行われる。ファンドはリファイナンスによる債権回収金額から買取価格および諸費用等を差し引いた金額を利益として計上し、投資家に配当を実施する。

一方、エクイティ投資では、再生ファンドが再生対象企業の株式を取得し、株主として再生対象企業の再生手続を行う。再生ファンドはリストラ実施等により企業価値を高め、取得した株式を株式公開または再生対象企業の経営者等に売却することによって株式売却益を得て、投資家に配当を実施す

る。

　デット投資で債権の買取りが行われた後に、DESの実施や再生対象企業の増資引受けにより、エクイティ投資との併用とする場合もある。

　中小企業向けの事業再生ファンドの場合、株式上場の可能性は低く、株式売却は一般に困難であることから、デット投資が行われることが多い。

中小企業再生ファンドへの債権譲渡による事業再生の流れ

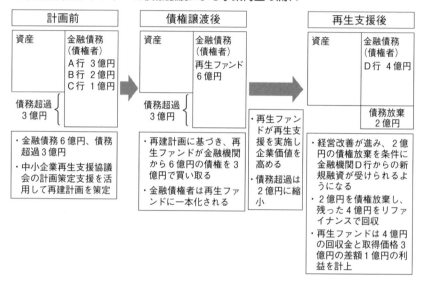

(2)　中小企業再生支援ファンド

　従来、事業再生ファンドは民間の投資会社や金融機関などが出資する民間主導型のファンドが中心であったが、債権を売却する金融機関側からすると債務者側でつくられた再生計画には透明性の面で問題となるケースが多かったこと、民間主導で短期的な利益の獲得を主目的とすると、企業の再生や地域活性化がおろそかにされる懸念があったことなどから、再生支援手法として利用されるケースは多くなかった。

　その後、中小企業の再生支援強化のため平成15年「産業活力の再生及び産

業活動の革新に関する特別措置法」(産活法)が改正され、中小企業総合事業団(現中小企業基盤整備機構。以下、「中小機構」という)の業務内容に中小企業再生ファンド出資事業が追加され、いわゆる官民一体型の中小企業再生ファンドが組成されるようになった。

　中小機構の中小企業再生ファンド出資事業では、①ファンドへの出資の要件として、ファンドが投資先企業の再生を目的とすることをあげており、投資先企業の清算に伴う短期的な収益獲得や買い取った債権の転売を目的とする投資は出資対象としないこととされた。また、②中小企業再生支援協議会との連携努力が義務づけられており、公的再生支援機関である中小企業再生支援協議会が関与することにより再生計画の透明性が高まり、関係金融機関の協力が得やすくなった。これらにより事業再生ファンドは、事業再生のための金融支援手法として活用されるケースが増加することになった。中小企業再生ファンド出資事業による中小企業再生ファンドスキームの概要は、以下のとおりである。

中小企業再生ファンドスキーム図

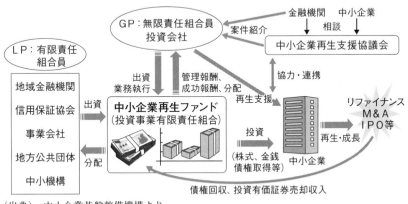

(出典)　中小企業基盤整備機構より

1. ファンド組成

> 民間の投資会社、地域金融機関、事業会社等とともに中小企業再生ファンド（投資事業有限責任組合）を組成。中小機構は有限責任組合員としてファンド総額の１／２以内を出資。
> ２．投資対象
> 過剰債務等により経営状況が悪化しているものの、本業には相応の収益力があり、財務リストラや事業再構築により再生が可能な中小企業。
> ３．支援方法
> ・中小企業再生支援協議会との連携による再生計画策定支援
> ・株式や新株予約権付社債の取得等による資金提供
> ・金融機関の保有する貸出債権の買取による金融支援（過剰債務軽減等）
> ・ファンド運営会社等による経営面のハンズオン支援等

（出典）　中小企業基盤整備機構ホームページより引用

(3)　債権譲渡価格の検討

　再生ファンドへの債権譲渡価格の妥当性を検討する際には、①DCF法による事業価値から検討する方法や、②譲渡債権の回収見込額から検討する方法などが使われている。

① 　DCF法による事業価値から検討する方法

　再生対象企業の予想キャッシュフロー（計画期間の予想キャッシュフローおよび計画期間後の継続価値）を一定の割引率を使って現在価値に割り引いた金額の総額（DCF法による事業価値）から債権譲渡価格を検討するもの。

② 　譲渡債権の回収見込額から検討する方法

　再生期間中における譲渡債権の元利金の回収見込額と再生支援完了時の当該債権に係るリファイナンス見込額を一定の割引率を使って現在価値に割り引いた金額から債権譲渡価格を検討するもの。

【債権譲渡価格の検討例】

① 計画概要

・再生対象企業の金融債権1,000を再生ファンドに400で譲渡する。
・再生ファンドは債権額1,000のうち500を債権放棄し、残額500について、計画3年目から毎年28の返済を受ける。そして5年目末には残債権全額をリファイナンスにより回収する。
・実効税率は35％、割引率は10％とする。
・再生計画によるFCF（フリーキャッシュフロー）および譲渡債権の元利返済計画（5年計画）は、下表のとおり。

　上記の計画について、①DCF法に基づく事業価値から検討する方法、および、②譲渡債権の元利回収見込額から検討する方法により譲渡価格の妥当性を検討する。

再生計画によるFCFの見通しおよび元利金返済予定

	1年目	2年目	3年目	4年目	5年目	6年目以降
FCF（計画から）	10.0	20.0	25.0	30.0	35.0	35.0
譲渡債権返済元本	0.0	0.0	28.0	28.0	444.0	
譲渡債権受取利息			4.9	4.6	4.4	
利息にかかる税金相当（税率35％）			1.7	1.6	1.5	
NET受取利息			3.2	3.0	2.9	
現価係数（割引率10％）	0.909	0.826	0.751	0.683	0.621	

② 検討例

(i) DCF法による事業価値から検討する方法

DCF法による事業価値の算定

	1年目	2年目	3年目	4年目	5年目	6年目以降	合計
FCF	10.0	20.0	25.0	30.0	35.0	35.0	
TV						350	
現価係数（割引率10％）	0.909	0.826	0.751	0.683	0.621	0.621	
現在価値（FCF・TV×現価係数）	9.1	16.5	18.8	20.5	21.7	217.4	304.0

ⓐ 計画5年間の各年のフリーキャッシュフロー（償却前営業利益－設備投資額－運転資金増加額）を割引率10％で現在価値に割り引く。

　各年のFCFの現在価値は各年のFCFに現価係数を乗じることにより算出する。

ⓑ 6年目以降のTV（ターミナルバリュー：継続価値）を計算し、現在価値に割り引く。

　6年目以降のFCFは35で一定のため、割引率10％とするとTVは、350（35÷10％（注））と計算される。これを5年目の割引係数で現在価値に割り引くと217.4と算出される。ここで、6年目以降のTVは、6年目期首時点（＝5年目期末時点）の金額が算定されているため現価係数は5年目の係数を使う。

（注）　TV＝計画最終事業年度の翌年度の見込FCF÷（割引率－永久成長率）（本計画では永久成長率0）

ⓒ DCF法に基づく事業価値は、計画5年目までの各年のFCFおよびTVの現在価値を合計することにより算出される。本例では、事業価値は304.0と算出される。

(ii) 譲渡債権の元利回収見込額から検討する方法

元利金回収見込額の現在価値の算定

	1年目	2年目	3年目	4年目	5年目	合計
譲渡債権返済元本	0.0	0.0	28.0	28.0	444.0	
譲渡債権受取利息	0.0	0.0	4.9	4.6	4.4	
利息にかかる税金相当（実効税率35％）	0.0	0.0	1.7	1.6	1.5	
NET受取利息	0.0	0.0	3.2	3.0	2.9	
元利金回収見込額	0.0	0.0	31.2	31.0	446.9	
現価係数（割引率10％）	0.909	0.826	0.751	0.683	0.621	
現在価値	0.0	0.0	23.4	21.2	277.5	322.1

ⓐ 譲渡債権元本および利息の毎年の回収可能見込額および、計画最終年度である5年目末のリファイナンスによる回収見込額を割引率10％で現在価値に割り引く。

　各年の元利金回収見込額の現在価値は、各年の元利金回収見込額に現価係数を乗じて算出する。

ⓑ 受取利息の回収見込額については、税金分がキャッシュアウトするため、税率35％で計算した税金相当額を控除して計算する。

ⓒ 上記各年の元利金回収見込額の現在価値を合計すると、322.1と算出される。

今次債権譲渡価格400は、DCF法による事業価値（304）、および譲渡債権の元利金回収見込額の現在価値（322.1）のいずれも上回る価格となっている。

③ 検討にあたっての留意点

・FCFおよび元利金回収見込額は、再生計画の収支見通しがベースになっているため、収支見通しの実現可能性を十分に検討することが重要である。

・現在価値として算出される金額は、割引率により変動するため割引率の設

定が妥当か検討することが必要である。適正な割引率の決定は困難を伴うが、中小企業の事業再生案件の場合には、割引率はおおむね5〜15％の範囲で、個別企業の財務・事業面の状況により決められることが多い。

2−13 再生ファンド活用時の税務

再生ファンドへの債権譲渡を活用する場合の税務について、教えてください。

(1) 債務者の税務

金融機関が再生ファンドに債権を譲渡した段階では、債権者が交代するだけで、金融債務の金額は変動がないため、債務者側で税務の問題は発生しない。

しかし、再生ファンドが買い取った金融債権の一部を債権放棄した場合には、債務者側で債務免除益が発生し、課税問題を検討する必要が出てくる。

再生ファンドが債権放棄することにより発生する債務免除益については、実務では税務手続が比較的簡易な第二会社方式により企業再生税制を使わずに対応するケースが多いようである（「2−6 第二会社方式の税務」参照）。第二会社方式を活用できずに直接放棄となる場合には、欠損金の損金算入、および企業再生税制を活用（「2−3 債権放棄が行われた場合の債務者の税務」参照）することになるが、企業再生税制については「二以上の金融機関が債権放棄する」という要件があるため、再生ファンドが単独で債権者として残っている場合には適用は困難（注）であり、期限切れ欠損金の損金算入により債務免除益課税に対処できるか検討する。

(注) 平成25年および平成28年の税制改正により、平成31年3月31日までの時限措置として、「二以上の金融機関が有する中小企業者に対する債権が合理

的な再建計画によって特定投資事業有限責任組合契約に係る組合に譲渡された上で債務免除が行われた場合」についても企業再生税制の対象に追加されている（租税特別措置法第67条の5の2）。この税制の適用期間中は一定の要件を満たす再生ファンドであれば、単独で債権放棄をする場合でも、一定の条件のもとに企業再生税制の適用（期限切れ欠損金の優先控除および評価損の損金算入等）が可能となっている。

(2) 債権者の税務

　金融機関が再生ファンドに債権を譲渡し、債権の券面額より売却価格が低かった場合、債権の売却損が発生する。この債権の売買取引は金融機関と再生ファンドとの第三者間での取引であり、恣意性の介入する余地は少ないため寄付金とされるリスクは低いと考えられる。なお、寄付金とされる懸念がある場合には子会社等に対する合理的な再建計画に基づく経済的利益の供与（法人税基本通達9−4−2）などの適用による損金算入を検討することになる。

　（注）　再生案件の税務の取扱いについては、税制改正が毎年行われていること、各税制適用の可否判断がむずかしいこと等から税理士等の専門家に相談するべきである。

〈参考〉法人税法等の条文抜粋

【法人税法】
（会社更生等による債務免除等があつた場合の欠損金の損金算入）
第59条　内国法人について更生手続開始の決定があつた場合において、その内国法人が次の各号に掲げる場合に該当するときは、その該当することとなつた日の属する事業年度（以下この項において「適用年度」という。）前の各事業年度において生じた欠損金額（連結事業年度において生じた第81条の18第1項（連結法人税の個別帰属額の計算）に規定する個別欠損金額（当該連結事業年度に連結欠損金額が生じた場合には、当該連結欠損金額のうち当該内国法人に帰せられる金額を加算した金額）を含む。）で政令で定めるものに相当する金額のうち当該各号に定める金額の合計額に達するまでの金額は、当該適用年度の所得の金額の計算上、損金の額に算入する。

一　当該更生手続開始の決定があつた時においてその内国法人に対し政令で定める債権を有する者（当該内国法人との間に連結完全支配関係がある連結法人を除く。）から当該債権につき債務の免除を受けた場合（当該債権が債務の免除以外の事由により消滅した場合でその消滅した債務に係る利益の額が生ずるときを含む。）　その債務の免除を受けた金額（当該利益の額を含む。）

二　当該更生手続開始の決定があつたことに伴いその内国法人の役員等（役員若しくは株主等である者又はこれらであつた者をいい、当該内国法人との間に連結完全支配関係がある連結法人を除く。次項第2号において同じ。）から金銭その他の資産の贈与を受けた場合　その贈与を受けた金銭の額及び金銭以外の資産の価額

三　第25条第2項（会社更生法又は金融機関等の更生手続の特例等に関する法律の規定に従つて行う評価換えに係る部分に限る。以下この号において同じ。）（資産の評価益の益金不算入等）に規定する評価換えをした場合　同項の規定により当該適用年度の所得の金額の計算上益金の額に算入される金額（第33条第3項（資産の評価損の損金不算入等）の規定により当該適用年度の所得の金額の計算上損金の額に算入される金額がある場合には、当該益金の額に算入される金額から当該損金の額に算入される金額を控除した金額）

2　内国法人について再生手続開始の決定があつたことその他これに準ずる政令で定める事実が生じた場合において、その内国法人が次の各号に掲げる場合に該当するときは、その該当することとなつた日の属する事業年度（第3号に掲げる場合に該当する場合には、その該当することとなつた事業年度。以下この項において「適用年度」という。）前の各事業年度において生じた欠損金額（連結事業年度において生じた第81条の18第1項に規定する個別欠損金額（当該連結事業年度に連結欠損金額が生じた場合には、当該連結欠損金額のうち当該内国法人に帰せられる金額を加算した金額）を含む。）で政令で定めるものに相当する金額のうち当該各号に定める金額の合計額（当該合計額がこの項及び第62条の5第5項（現物分配による資産の譲渡）（第3号に掲げる場合に該当する場合には、第57条第1項（青色申告書を提出した事業年度の欠損金の繰越し）及び前条第1項、この項並びに第62条の5第5項）の規定を適用しないものとして計算した場合における当該適用年度の所得の金額を超える場合には、その超える部分の金額を控除した金額）に達するまでの金額は、当該適用年度の所得の金額の計算上、損金の額に算入する。

一　これらの事実の生じた時においてその内国法人に対し政令で定める債権を有する者（当該内国法人との間に連結完全支配関係がある連結法人

を除く。）から当該債権につき債務の免除を受けた場合（当該債権が債務の免除以外の事由により消滅した場合でその消滅した債務に係る利益の額が生ずるときを含む。）　その債務の免除を受けた金額（当該利益の額を含む。）
二　これらの事実が生じたことに伴いその内国法人の役員等から金銭その他の資産の贈与を受けた場合　その贈与を受けた金銭の額及び金銭以外の資産の価額
三　第25条第3項又は第33条第4項の規定の適用を受ける場合　第25条第3項の規定により当該適用年度の所得の金額の計算上益金の額に算入される金額から第33条第4項の規定により当該適用年度の所得の金額の計算上損金の額に算入される金額を減算した金額
3　内国法人が解散した場合において、残余財産がないと見込まれるときは、その清算中に終了する事業年度（前2項の規定の適用を受ける事業年度を除く。以下この項において「適用年度」という。）前の各事業年度において生じた欠損金額（連結事業年度において生じた第81条の18第1項に規定する個別欠損金額（当該連結事業年度に連結欠損金額が生じた場合には、当該連結欠損金額のうち当該内国法人に帰せられる金額を加算した金額）を含む。）を基礎として政令で定めるところにより計算した金額に相当する金額（当該相当する金額がこの項及び第62条の5第5項の規定を適用しないものとして計算した場合における当該適用年度の所得の金額を超える場合には、その超える部分の金額を控除した金額）は、当該適用年度の所得の金額の計算上、損金の額に算入する。
4　前3項の規定は、確定申告書、修正申告書又は更正請求書にこれらの規定により損金の額に算入される金額の計算に関する明細を記載した書類及び更生手続開始の決定があつたこと若しくは再生手続開始の決定があつたこと若しくは第2項に規定する政令で定める事実が生じたことを証する書類又は残余財産がないと見込まれることを説明する書類その他の財務省令で定める書類の添付がある場合に限り、適用する。
5　税務署長は、前項に規定する財務省令で定める書類の添付がない確定申告書、修正申告書又は更正請求書の提出があつた場合においても、その書類の添付がなかつたことについてやむを得ない事情があると認めるときは、第1項から第3項までの規定を適用することができる。

【法人税法施行令】
（再生手続開始の決定に準ずる事実等）
第117条　法第59条第2項（会社更生等による債務免除等があつた場合の欠損金の損金算入）に規定する政令で定める事実は、次の各号に掲げる事実と

し、同項第1号に規定する政令で定める債権は、それぞれ当該各号に定める債権とする。
一　再生手続開始の決定があつたこと　民事再生法第84条（再生債権となる請求権）に規定する再生債権（同法に規定する共益債権及び同法第122条第1項（一般優先債権）に規定する一般優先債権で、その再生手続開始前の原因に基づいて生じたものを含む。）
二　内国法人について特別清算開始の命令があつたこと　その特別清算開始前の原因に基づいて生じた債権
三　内国法人について破産手続開始の決定があつたこと　破産法（平成16年法律第75号）第2条第5項（定義）に規定する破産債権（同条第7項に規定する財団債権でその破産手続開始前の原因に基づいて生じたものを含む。）
四　第24条の2第1項（再生計画認可の決定に準ずる事実等）に規定する事実　当該事実の発生前の原因に基づいて生じた債権
五　前各号に掲げる事実に準ずる事実（更生手続開始の決定があつたことを除く。）　当該事実の発生前の原因に基づいて生じた債権

【租税特別措置法】
（中小企業者の事業再生に伴い特定の組合財産に係る債務免除等がある場合の評価損益等の特例）
第67条の5の2　青色申告書を提出する法人（第42条の4第8項第6号に規定する中小企業者で、中小企業者等に対する金融の円滑化を図るための臨時措置に関する法律第2条第1項に規定する金融機関から受けた事業資金の貸付けにつき、当該貸付けに係る債務の弁済の負担を軽減するため、同法の施行の日から平成28年3月31日までの間に条件の変更を受けたものに限る。以下この項において「中小企業者」という。）について平成25年4月1日から平成31年3月31日までの間に再生計画認可の決定があつたことに準ずる政令で定める事実が生じた場合（当該事実が生じた時において当該中小企業者に対する債権（当該事実の発生前の原因に基づいて生じた債権であるものに限る。以下この項において「再生債権」という。）を有する二以上の金融機関等（当該再生債権が投資事業有限責任組合契約等に係る組合財産である場合における当該投資事業有限責任組合契約等を締結しているものを除く。）の当該再生債権が当該事実に係る債務処理に関する計画の定めるところにより特定投資事業有限責任組合契約に係る組合財産となる場合に限る。）において、当該中小企業者が、その有する資産の価額につき政令で定める評定を行い、又は当該債務処理に関する計画に従つてその再生債権につき債務の免除を受けたときは、当該中小企業者の当該事実が生

じた日を含む事業年度以後の各事業年度の所得の金額の計算上、当該事実を法人税法第25条第 3 項、第33条第 4 項及び第59条第 2 項に規定する政令で定める事実とみなして、これらの規定を適用する。この場合において、同項第 1 号中「政令で定める債権」とあるのは「政令で定める債権（租税特別措置法第67条の 5 の 2 第 1 項（中小企業者の事業再生に伴い特定の組合財産に係る債務免除等がある場合の評価損益等の特例）に規定する政令で定める事実にあつては、同項に規定する再生債権。以下この号において「特定債権」という。）」と、「除く」とあるのは「除き、特定債権が同項に規定する債務処理に関する計画の定めるところにより同項に規定する特定投資事業有限責任組合契約に係る組合財産となる場合における当該特定債権を有する者を含む」と、「当該債権」とあるのは「特定債権」とする。
2　前項において、次の各号に掲げる用語の意義は、当該各号に定めるところによる。
　一　金融機関等　預金保険法第 2 条第 1 項各号に掲げる金融機関（同法附則第 7 条第 1 項第 1 号に規定する協定銀行を除く。）その他政令で定めるものをいう。
　二　投資事業有限責任組合契約等　投資事業有限責任組合契約に関する法律第 3 条第 1 項に規定する投資事業有限責任組合契約（次号において「投資事業有限責任組合契約」という。）及び有限責任事業組合契約に関する法律第 3 条第 1 項に規定する有限責任事業組合契約をいう。
　三　特定投資事業有限責任組合契約　投資事業有限責任組合契約のうち中小企業の事業の再生に著しく寄与する契約として政令で定めるものをいう。
3　前 2 項の規定の適用に関し必要な事項は、政令で定める。

【法人税基本通達】
（債権の現物出資により取得した株式の取得価額）
2 － 3 －14　子会社等に対して債権を有する法人が、合理的な再建計画等の定めるところにより、当該債権を現物出資（法第 2 条第12号の14《適格現物出資》に規定する適格現物出資を除く。）することにより株式を取得した場合には、その取得した株式の取得価額は、令第119条第 1 項第 2 号《有価証券の取得価額》の規定に基づき、当該取得の時における給付をした当該債権の価額となることに留意する。
　（注）　子会社等には、当該法人と資本関係を有する者のほか、取引関係、人的関係、資金関係等において事業関連性を有する者が含まれる。
（子会社等を整理する場合の損失負担等）
9 － 4 － 1　法人がその子会社等の解散、経営権の譲渡等に伴い当該子会社

等のために債務の引受けその他の損失負担又は債権放棄等（以下9－4－1において「損失負担等」という。）をした場合において、その損失負担等をしなければ今後より大きな損失を蒙ることになることが社会通念上明らかであると認められるためやむを得ずその損失負担等をするに至った等そのことについて相当な理由があると認められるときは、その損失負担等により供与する経済的利益の額は、寄附金の額に該当しないものとする。
　(注)　子会社等には、当該法人と資本関係を有する者のほか、取引関係、人的関係、資金関係等において事業関連性を有する者が含まれる（以下9－4－2において同じ。）。

（子会社等を再建する場合の無利息貸付け等）

9－4－2　法人がその子会社等に対して金銭の無償若しくは通常の利率よりも低い利率での貸付け又は債権放棄等（以下9－4－2において「無利息貸付け等」という。）をした場合において、その無利息貸付け等が例えば業績不振の子会社等の倒産を防止するためにやむを得ず行われるもので合理的な再建計画に基づくものである等その無利息貸付け等をしたことについて相当な理由があると認められるときは、その無利息貸付け等により供与する経済的利益の額は、寄附金の額に該当しないものとする。
　(注)　合理的な再建計画かどうかについては、支援額の合理性、支援者による再建管理の有無、支援者の範囲の相当性及び支援割合の合理性等について、個々の事例に応じ、総合的に判断するのであるが、例えば、利害の対立する複数の支援者の合意により策定されたものと認められる再建計画は、原則として、合理的なものと取り扱う。

（金銭債権の全部又は一部の切捨てをした場合の貸倒れ）

9－6－1　法人の有する金銭債権について次に掲げる事実が発生した場合には、その金銭債権の額のうち次に掲げる金額は、その事実の発生した日の属する事業年度において貸倒れとして損金の額に算入する。

(1)　更生計画認可の決定又は再生計画認可の決定があった場合において、これらの決定により切り捨てられることとなった部分の金額

(2)　特別清算に係る協定の認可の決定があった場合において、この決定により切り捨てられることとなった部分の金額

(3)　法令の規定による整理手続によらない関係者の協議決定で次に掲げるものにより切り捨てられることとなった部分の金額
　　イ　債権者集会の協議決定で合理的な基準により債務者の負債整理を定めているもの
　　ロ　行政機関又は金融機関その他の第三者のあっせんによる当事者間の協議により締結された契約でその内容がイに準ずるもの

(4)　債務者の債務超過の状態が相当期間継続し、その金銭債権の弁済を受

けることができないと認められる場合において、その債務者に対し書面により明らかにされた債務免除額

(再生手続開始の決定に準ずる事実等)

12-3-1　令第117条第5号《再生手続開始の決定に準ずる事実等》に規定する「前各号に掲げる事実に準ずる事実」とは、次に掲げる事実をいう。
(1)　同条第1号から第4号までに掲げる事実以外において法律の定める手続による資産の整理があったこと。
(2)　主務官庁の指示に基づき再建整備のための一連の手続を織り込んだ一定の計画を作成し、これに従って行う資産の整理があったこと。
(3)　(1)及び(2)以外の資産の整理で、例えば、親子会社間において親会社が子会社に対して有する債権を単に免除するというようなものでなく、債務の免除等が多数の債権者によって協議の上決められる等その決定について恣意性がなく、かつ、その内容に合理性があると認められる資産の整理があったこと。

第 3 章

金融機関による事業再生支援の流れと再生計画書の検討

3-1 金融機関による事業再生支援の進め方

金融機関が取引先の再生支援を実行する際の手続の進め方を教えてください。

ここでは、中小企業再生支援協議会(以下、「協議会」という)を活用して再生支援を進める場合の取組例をみていく。

事業再生支援の流れ

(1) 対応方針の検討

取引先から事業再生に関する相談を受けた場合には、必要資料を依頼するとともに、現地調査や経営者等へのヒアリングを行うことにより、取引先の財務面および事業面についての現状分析を行い、その結果をふまえて今後の対応方針を検討する。

対応方針検討の結果、事業再生の可能性が認められ、経営者等が経営責任等を明確にして履行する意思があり、かつ今後の事業再生のために金融支援の必要性が認められる場合には、取引先と協議会の利用について協議する。取引先に対しては協議会の概要および、再生手続の流れなどを説明する。

(2) 中小企業再生支援協議会への相談

　協議会の利用について取引先の同意が得られたら、金融機関は協議会に対して相談希望がある旨を連絡し、取引先には協議会と相談日程等を調整するように依頼する。

　協議会への相談にあたっては、取引先の現状および再生可能性等を説明する必要があるため、金融機関は必要に応じて下記のような情報整理や資料作成等を支援する。

協議会への相談の前に整理しておくべき事項

会社概要	商号、所在地（支店・工場等含む）、業種、設立年月日、年商、代表者、資本金、従業員数、主要金融機関　等
事業内容・沿革	
株主構成	氏名、株数、関係
役員構成	氏名、役職
財務内容および問題点	直近決算貸借対照表、実態貸借対照表（修正内容の説明）、主要項目および問題点の説明
業績推移等	過去3年程度の損益計算書の推移、実態自己資本および総借入金の推移、今後の見込み、収益弁済原資（金額）、債務超過解消年数、債務償還年数
銀行取引状況	過去3年程度の取引金融機関別の借入金額推移
現状と経営課題	現状分析の結果を整理して説明
経営計画策定方針	今後の経営改善に向けて取り組む予定の改善策等

　協議会は取引先からの相談後、受領した資料を分析するとともに主要金融機関へのヒアリングや取引先の現地調査などを行うことにより第二次対応（再生計画の策定支援）を開始することが適当か検討し、適当であると判断した場合には第二次対応の開始を決定する。

(3) 財務DD、事業DDの検討

再生計画策定にあたり、債権放棄等の金融支援が見込まれる場合には、公認会計士等による財務DD（資産負債および損益の状況の調査分析）および中小企業診断士等による事業DD（事業面の調査分析）が実施される。

(4) 再生計画策定支援

取引先は協議会の支援を得ながら、財務DD・事業DDの結果を活用して、再生計画案を作成する。

主要金融機関は取引先および協議会と適宜会議を開催し、財務面・事業面等の問題点の確認や、再生計画案について協議・検討する。金融機関においては財務DD、事業DDおよび再生計画案の内容を検討し、疑問点・問題点等は協議会または取引先に質問し、必要な場合は計画案の修正を求める。

(5) 再生計画案の検討

その後、第1回債権者会議では、対象債権者全員に対して財務DD、事業DDおよび再生計画案の説明、および質疑応答が行われる。そして第2回債権者会議では再生計画検討委員会による再生計画案の調査結果が報告され、当該報告に対する質疑応答等を経て、再生計画案に対する同意不同意を表明する期限が定められる。

(6) 再生計画案への同意書提出

金融機関は、再生計画案の検討後、金融機関内の所定の手続を経て、再生計画案同意の決裁を受けた後に、同意書を発行し、協議会または取引先に提出する。対象債権者全員から同意書が提出された時点で再生計画が成立する。

再生計画の成立後、金融機関は、再生計画で求められた金融支援に必要となる権利変更手続を行う。

(7) モニタリング

　計画成立後、協議会と主要金融機関が連携して、おおむね3年間程度の期間、定期的に取引先の計画達成状況等についてモニタリングを行う。協議会は必要に応じて外部専門家の協力を得ながら再生計画達成に向けた助言等を行う。

3－2　対応方針の検討

事業再生支援における対応方針の検討方法を教えてください。

　事業再生支援に取り組む際の対応方針は、対象企業の財務面および事業面の現状分析（簡易的な財務DDおよび事業DD）を実施したうえで、私的整理による事業再生の必要性および再生可能性の観点等から検討する。

対応方針の検討

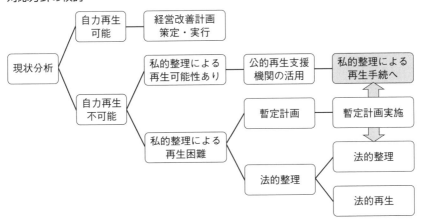

(1) 現状分析

　対象企業のこれまでの経営活動の結果である財務内容と、経営活動の基礎となる事業環境について分析し、業況悪化原因と今後の改善見通しを検討する。

a 財務分析

　財務面の分析は過去5〜10年程度の決算書データを基に、①部門別収支の検討、②時系列分析、③同業他社比較、④実態財務の検討、⑤正常収益力の検討などを行う。

① 部門別収支の検討

　複数の事業を行っている場合には、部門別の収支・財務・資金繰りを確認し、赤字部門がないか、資金繰り面で負担の大きい部門はないかなど、部門別の財務分析を行う。

② 時系列分析

　過去5〜10年程度の貸借対照表、および損益計算書の各勘定科目の金額および利益率・回転率の推移を分析する。勘定科目や利益率等の金額の変動要因は何か、収支および財務はどの時点で悪化したのか、その原因は何だったのか、今後の改善見込みはあるのか等を検討する。

③ 同業他社比較

　同業他社の財務データと自社の財務データとを比較し、財政状態および収支について、どのような問題や特徴があるのか、また、その原因はどこにあるのかなどを検討する。

④ 実態財務の検討

　貸借対照表の各勘定科目について、ヒアリングや財務分析結果等から不良債権・架空資産・含み損・簿外債務などがないか確認し、これらがある場合には当該勘定科目の金額を修正する。修正後の資産・負債の金額の差額から実態自己資本金額を計算する。

主な勘定科目の検討例

営業債権	架空売掛金や滞留売掛金等の有無 滞留売掛金は回収可能性から評価減を検討
棚卸資産	架空在庫や陳腐化在庫等の有無 陳腐化在庫は、実際に期待できる売価から評価減を検討
未収金 仮払金 貸付金等	回収可能性から評価減を検討
固定資産	土地・建物の時価から評価減を検討
投資有価証券等	有価証券の時価から評価減を検討
繰延資産	回収可能性から評価減を検討
引当金	賞与引当金、退職給付引当金などが適切に計上されていない場合、追加計上を検討

⑤ 正常収益力の検討

損益計算書について、粉飾または会計処理の誤りがある場合や、天災や異常事態等により一時的な費用・損失が発生している場合などには、これらの影響を排除して正常な収益力がどのくらいあるのかを検討する。

b 事業環境分析

事業環境分析は、①外部環境、および、②内部環境を検討し、その結果を、③SWOT分析で整理する。

① 外部環境分析

外部環境分析では、社会全体の状況で統制不可能なマクロ環境と、業界や競合先など対象企業周辺の状況で、ある程度統制可能なミクロ環境とに分けて事業環境を分析し、今後期待される事業機会、想定される脅威などを整理・確認する。

マクロ環境は、PEST分析（Politics（政治的要因）、Economy（経済的要因）、Society（社会的要因）、Technology（技術的要因）の切り口からの環境分析）などから検討する。

また、ミクロ環境は、自社の属する業界・地域、顧客、競合先等の分析などから検討する。

マクロ環境	ミクロ環境
【Politics（政治的要因）】 　法律改正、外交など 【Economy（経済的要因）】 　景気動向、インフレなど 【Society（社会的要因）】 　人口動態、世間の関心など 【Technology（技術的要因）】 　新技術の完成など	【業界】 　自社の属する業種・製品・サービスの動向 【競合先】 　地域内の同業他社の動向 【仕入先】 　仕入商品の動向や仕入先の動向 【販売先】 　地域・業界の消費者ニーズ、流行、販売先の業況

② 内部環境分析

　企業の経営機能別に特徴を分析するバリューチェーン分析等により、自社にどのような強み、または弱みがあるのか確認する。

> 〈参考〉バリューチェーン分析
>
> 　バリューチェーン分析は、企業活動をいったん個別の価値活動（業務プロセス）に分解し、各活動が最終的な企業のつくりだす付加価値にどのように貢献しているのか、その関係と構造を明らかにすることで、競争優位の源泉（あるいはその可能性）を探る手法である。

バリューチェーン例

③ SWOT分析

SWOT分析とは、外部環境分析および内部環境分析の結果をふまえて、企業自身の強み・弱み、外部環境による機会・脅威等を整理するものである。また、これらの強み・弱み・機会・脅威を組み合わせて、今後の事業再生のための経営方針を検討するための手法としてクロスSWOT分析が利用される。

〈参考〉クロスSWOT分析例

		強み	弱み
		✓ 長年の営業で築いた信用力、ノウハウ、取引実績がある。 ✓ 利益率の高い直接取引先をもつ。 ✓ DTPを早くから導入し、デジタル技術は顧客から評価されている。	✓ 経営計画を作成しておらず、社内会議もないなど社内管理体制が未整備。 ✓ 社員のモチベーションが低く、生産性が落ちている。 ✓ 社員により技能にばらつきがあり、残業時間が多い。 ✓ 外注管理が不十分で短納期受注に対応できない。
機会	✓ ホームページ作成などデジタル化に伴う印刷周辺業務のニーズがある。 ✓ 短納期受注に対応できれば、受注機会増加の可	《強みを活かして機会をつかむ》 デジタル技術をもつ若手が中心となり、インターネットホームページ企画・制作等の情報・ソフト分野の事業を立ち上げ、	〈弱みを克服して機会をつかむ〉 外注管理の強化を図り、外注加工に要する時間を短縮し、短納期の受注を獲得する。

	能性あり。	新規分野での売上獲得をねらう。	
脅威	✓ 景気の低迷が長引き、業界全体が低調。 ✓ 品質・納期・価格に対する要求が高くなり、競争激化。 ✓ IT化進展でペーパーレス化が進む。 ✓ 電子書籍市場の拡大により、出版業界の受注減少。 ✓ DTP・CTPなど、デジタル化の進展により、IT分野など、別業界から印刷業界への新規参入あり。	〈強みを活かして**脅威**を回避する〉 顧客ニーズへの対応、および営業強化により、比較的利益率の高い既存の直接取引先との取引を維持し、競争激化による利益率の低下を回避する。	〈弱みを克服して**脅威**を回避する〉 経営計画策定、目標管理制度の導入などにより、従業員のモチベーションを高め、労働生産性を上げて厳しい競争環境に対応できるようにする。

(2) 自力再生の可能性の検討

　現状分析結果をふまえて、経営改善見通しを検討する。この段階では、債権放棄等の金融支援を織り込まず、事業面の改善とリストラ実施等により、どの程度の改善が見込めるか検討する。

収支見通しの検討例

　正常収益力をベースに、各収支項目について下記のような検討を行い、3～5年程度の収支見通しを作成する。

売上高	・部門別・販売先別・製品別等の売上実績データの推移と今後の変動見通しから、売上げを予想する。
商品仕入 原材料費 外注費	・部門別・仕入先別・製品別等の実績データの推移と今後の変動見通しから、今後の売上原価率を予想し、対応する売上高にそれを乗じることにより各原価を算出する。
労務費	・製造部門の従業員給与の変動見通し（社員、パート人数、1人当り人件費等の変動）から、今後の労務費を予想する。
製造経費	・過去の実績推移をふまえて、費目別に今後の増減見通しを予想する。変動費は売上原価率、固定費は金額で検討する。
販売管理費	・人件費は販売管理部門の従業員給与の変動見通し（社員、パート人数、1人当り人件費等の変動）から、今後の人件費を予想する。 ・その他経費は過去の実績推移をふまえて、費目別に今後の増減見通しを予想する。変動費は売上原価率、固定費は金額で検討する。
営業外損益	・支払利息は今後の借入金予想残高に、平均利率（変動が予想される場合は変動を見込む）を乗じて算出する。

　収支見通しおよび借入金・実態自己資本金額の推移予想から債権放棄等の金融支援がなければ「実抜計画」、または「合実計画」の数値基準を満たす見込みがないのか確認する。

　債権放棄等の金融支援がなくても実抜計画等の数値基準を満たす計画の策定が可能であれば、経営改善計画書を策定して取引金融機関に提出し、資金繰り緩和のためのリスケジュール等による支援を受けながら経営改善に取り組む。一方、数値基準を満たす計画が策定できない場合には、債権放棄などの抜本的な金融支援実施による再生可能性を検討する。

(3) 私的整理による再生可能性の検討

　現状分析の結果、過剰債務等により実抜計画等の数値基準を満たす計画の策定が見込めない場合には、債権放棄等の抜本的な金融支援による再生可能

性を検討する。

「私的整理に関するガイドライン」では、私的整理の対象となりうる企業として、次のすべての要件を備えることを求めている。

> 対象債務者となり得る企業
> (1) 過剰債務を主因として経営困難な状況に陥っており、自力による再建が困難であること。
> (2) 事業価値があり、重要な事業部門で営業利益を計上しているなど債権者の支援により再建の可能性があること。
> (3) 会社更生法や民事再生法などの法的整理を申し立てることにより当該債務者の信用力が低下し、事業価値が著しく毀損されるなど、事業再建に支障が生じるおそれがあること。
> (4) 私的整理により再建するときは、破産的清算はもとより、会社更生法や民事再生法などの手続によるよりも多い回収を得られる見込みが確実であるなど、債権者にとっても経済的な合理性が期待できること。

(出典)「私的整理に関するガイドライン」より

上記の要件に加えて、取引金融機関の協力が得られそうか、経営者・株主・保証人がそれぞれの責任を果たすことができるか、などを確認して、私的整理による事業再生可能性を検討する。

検討の結果、再生可能性が認められない場合は、法的整理に入るか、または私的整理による再生手続にとりかかるために必要な条件を整理し、3年間程度でその条件を満たすための暫定計画の策定を検討する。暫定計画については協議会においても策定支援を行っているので、協議会の活用もあわせて検討する。

⑷　公的支援機関活用の検討

　私的整理による事業再生手続を進める方針となった場合には、公的再生支援機関の活用を検討する。

　私的整理では裁判所の関与がない（注）ため手続の透明性や債権者間の衡平性の確保がむずかしいという問題があるが、公平中立な公的再生支援機関関与のもとで手続を行うことにより再生計画の透明性・衡平性を高めることが可能になる。また、私的整理により債務免除益が発生した場合および債権者側で債権放棄による損失の損金算入が制限されるおそれがある場合等についても、公的再生支援機関を活用することにより企業再生税制など課税負担回避策を適用できる可能性が大きくなる。これらの結果、取引金融機関からの合意も得やすくなり、事業再生が成功する確率が高くなると考えられる。

　（注）　平成25年12月には、日本弁護士連合会が、簡易裁判所の特定調停制度を活用すべく、「金融円滑化法終了への対応策としての特定調停スキーム利用の手引き」を公表しており、特定調停も選択肢の１つとなっている。

3－3　実抜計画と合実計画

　実抜計画と合実計画について、それぞれどのようなものなのか教えてください。

⑴　実抜計画（実現可能性の高い抜本的な経営再建計画）

　実抜計画とは、金融庁の「中小・地域金融機関向けの総合的な監督指針」（以下、「監督指針」という）に定める「実現可能性の高い」および「抜本的な」についての要件を満たす計画である。監督指針では、条件変更債権であっても実抜計画に沿った金融支援の実施により経営再建が開始されている

場合には当該経営再建計画に基づく貸出金は貸出条件緩和債権に該当しないものと判断してさしつかえないとしている。

実抜計画の数値基準としては金融庁の「貸出条件変更緩和債権関係Q&A」（問28）において、おおむね3年後（中小企業の場合、おおむね5年）に到達すべき状態として、「経常黒字化、実質債務超過解消」「有利子負債のキャッシュフローに対する比率が10倍以内になること」等が示されている。中小企業の場合、一般に実抜計画の数値基準としては、3年以内黒字化、5年以内実質債務超過解消、債務超過解消時の有利子負債キャッシュフロー比率10倍以内が用いられている。

(2) 合実計画（合理的かつ実現可能性の高い経営改善計画）

a 実抜計画と合実計画の関係

「金融検査マニュアル別冊〔中小企業融資編〕（改訂版）」では、中小・零細企業等の場合、大企業と比較して経営改善に時間がかかることが多いことから、「合理的かつ実現可能性の高い経営改善計画」（合実計画）が策定されている場合には、当該計画を「実現可能性の高い抜本的な計画」（実抜計画）とみなしてさしつかえないとしている。

b 計画後の債務者区分

金融検査マニュアル（自己査定別表1）では、合実計画の要件として、計画期間終了後の当該債務者の債務者区分が原則として正常先となる計画であることを求めているが、但書で、計画期間終了後の当該債務者が金融機関の再建支援を要せず、自助努力により事業の継続性を確保することが可能となる場合は計画期間終了後の当該債務者の債務者区分が要注意先であってもさしつかえないとしている。

c 計画期間と数値基準

金融検査マニュアル（自己査定別表1）において、合実計画の要件が説明されている。実抜計画では計画期間が3年（中小企業の場合は5年）であったが、合実計画では、おおむね5年以内、ただし5年を超え、おおむね10年

以内となっている場合で経営改善計画等の策定後、その進捗状況がおおむね計画どおりであり今後もおおむね計画どおり推移すると認められる場合を含むとされている。さらに、「金融検査マニュアルに関するよくあるご質問(FAQ)」(9-51)では、「当面、計画期間が5年を超え概ね10年以内となっている場合であっても、明らかに達成困難と認められなければ、策定直後であっても合理的かつ実現可能性の高い経営改善計画とみなして差し支えない旨、検査官に対して指示しています。」とあり、計画期間10年間の計画で10年後に金融機関の再建支援を必要としない要注意先以上となる見込みの場合には、経営改善計画の策定直後であっても数値基準面では合実計画に該当すると考えられる。合実計画での数値基準としては、一般に、「3年以内経常黒字化、10年以内実質債務超過解消、債務超過解消時の有利子負債キャッシュフロー比率10倍以内」とされている。

〈参考〉金融検査マニュアル、監督指針等

○「中小・地域金融機関向けの総合的な監督指針（本編）」
Ⅱ-5-2-1(3) 経営改善・事業再生等の支援が必要な顧客企業に対する留意点
① 経営再建計画の策定支援
（略）
（注1） 顧客企業に対し貸付けの条件の変更等を行った場合であっても、経営再建計画や課題解決の方向性が、実現可能性の高い抜本的な経営再建計画に該当する場合には（該当要件については、本監督指針Ⅲ-4-9-4-3リスク管理債権額の開示を参照のこと。）、当該経営再建計画や課題解決の方向性に基づく貸出金は貸出条件緩和債権には該当しないこととなる。

Ⅲ-4-9-4-3 リスク管理債権額の開示
(2) ③ハ
（略）
　特に、実現可能性の高い（注1）抜本的な（注2）経営再建計画（注3）に沿った金融支援の実施により経営再建が開始されている場合（注4）には、当該経営再建計画に基づく貸出金は貸出条件緩和債権には該当しないものと

判断して差し支えない。
(略)
(注1) 「実現可能性の高い」とは、以下の要件を全て満たす計画であることをいう。
　一　計画の実現に必要な関係者との同意が得られていること
　二　計画における債権放棄などの支援の額が確定しており、当該計画を超える追加的支援が必要と見込まれる状況でないこと
　三　計画における売上高、費用及び利益の予測等の想定が十分に厳しいものとなっていること
(注2) 「抜本的な」とは、概ね3年（債務者企業の規模又は事業の特質を考慮した合理的な期間の延長を排除しない。）後の当該債務者の債務者区分が正常先となることをいう。なお、債務者が中小企業である場合の取扱いは、金融検査マニュアル別冊「中小企業融資編」を参照のこと。
(注3)　中小企業再生支援協議会（産業復興相談センターを含む。）が策定支援した再生計画、産業復興相談センターが債権買取支援業務において策定支援した事業計画、事業再生ADR手続（特定認証紛争解決手続（産業競争力強化法第2条第16項）をいう。）に従って決議された事業再生計画、株式会社地域経済活性化支援機構が買取決定等（株式会社地域経済活性化支援機構法第31条第1項）した事業者の事業再生計画（同法第25条第2項）及び株式会社東日本大震災事業者再生支援機構が買取決定等（株式会社東日本大震災事業者再生支援機構法第25条第1項）した事業者の事業再生計画（同法第19条第2項第1号）については、当該計画が（注1）及び（注2）の要件を満たしていると認められる場合に限り、「実現可能性の高い抜本的な経営再建計画」であると判断して差し支えない。
(注4)　既存の計画に基づく経営再建が（注1）及び（注2）の要件を全て満たすこととなった場合も、「実現可能性の高い抜本的な経営再建計画に沿った金融支援の実施により経営再建が開始されている場合」と同様とする。
　　　なお、（注3）の場合を含め、（注1）及び（注2）の要件を当初全て満たす計画であっても、その後、これらの要件を欠くこととなり、当該計画に基づく貸出金に対して基準金利が適用される場合と実質的に同等の利回りが確保されていないと見込まれるようになった場合には、当該計画に基づく貸出金は貸出条件緩和債権に該当することとなることに留意する。

○「金融検査マニュアル」　資産査定管理態勢の確認検査用チェックリスト

「自己査定」（別表１）
1．(3)③破綻懸念先
（略）
　ただし、金融機関等の支援を前提として経営改善計画等が策定されている債務者については、以下の全ての要件を充たしている場合には、経営改善計画等が合理的であり、その実現可能性が高いものと判断し、当該債務者は要注意先と判断して差し支えないものとする。
（略）
イ．経営改善計画等の計画期間が原則として概ね５年以内であり、かつ、計画の実現可能性が高いこと。
　　ただし、経営改善計画等の計画期間が５年を超え概ね10年以内となっている場合で、経営改善計画等の策定後、経営改善計画等の進捗状況が概ね計画どおり（売上高等及び当期利益が事業計画に比して概ね８割以上確保されていること）であり、今後も概ね計画どおりに推移すると認められる場合を含む。
ロ．計画期間終了後の当該債務者の債務者区分が原則として正常先となる計画であること。ただし、計画期間終了後の当該債務者が金融機関の再建支援を要せず、自助努力により事業の継続性を確保することが可能な状態となる場合は、計画期間終了後の当該債務者の債務者区分が要注意先であっても差し支えない。
ハ．全ての取引金融機関等（被検査金融機関を含む）において、経営改善計画等に基づく支援を行うことについて、正式な内部手続を経て合意されていることが文書その他により確認できること。
　　ただし、被検査金融機関が単独で支援を行うことにより再建が可能な場合又は一部の取引金融機関等（被検査金融機関を含む）が支援を行うことにより再建が可能な場合は、当該支援金融機関等が経営改善計画等に基づく支援を行うことについて、正式な内部手続を経て合意されていることが文書その他により確認できれば足りるものとする。
ニ．金融機関等の支援の内容が、金利減免、融資残高維持等に止まり、債権放棄、現金贈与などの債務者に対する資金提供を伴うものではないこと。
　　ただし、経営改善計画等の開始後、既に債権放棄、現金贈与などの債務者に対する資金提供を行い、今後はこれを行わないことが見込まれる場合、及び経営改善計画等に基づき今後債権放棄、現金贈与などの債務者に対する資金提供を計画的に行う必要があるが、既に支援による損失見込額を全額引当金として計上済で、今後は損失の発生が見込まれない場合を含む。
　　なお、制度資金を利用している場合で、当該制度資金に基づく国が補助する都道府県の利子補給等は債権放棄等には含まれないことに留意する。

○「金融検査マニュアル別冊〔中小企業融資編〕(改訂版)」 2．検証ポイント 5．貸出条件緩和債権
(2) 貸出条件緩和債権の卒業基準
(略)
ホ　中小・零細企業等の場合、大企業と比較して経営改善に時間がかかることが多いことから、資産査定管理態勢の確認検査用チェックリスト「自己査定」(別表1) 1．(3)③の経営改善計画等に関する規定を満たす計画(債務者が経営改善計画を策定していない場合には、債務者の実態に即して金融機関が作成した資料を含む。以下「合理的かつ実現可能性の高い経営改善計画」という。)が策定されている場合には、当該計画を実現可能性の高い抜本的な計画とみなして差し支えない。

○「貸出条件緩和債権関係Q&A」

> (問28)「抜本的な」の要件である、
> (1)「概ね3年(債務者企業の規模又は事業の特質を考慮した合理的な期間の延長を排除しない。)後の当該債務者の債務者区分が正常先となることをいう」
> (2)「なお、債務者が中小企業である場合の取扱いは、金融検査マニュアル別冊「中小企業融資編」を参照のこと」
> の主旨如何。

(答)
1．貸し手の金融機関と借り手の企業間で再建計画を策定し事業再生を進めていく場合、当該企業に対する債権が貸出条件緩和債権(要管理債権)から上方遷移するために再建計画が満たすべき基準としては、①「実現可能性の高い」及び②「抜本的な」という大別して2つの要件を満たすことが必要である旨規定している。
2．このうち、「抜本的な」という要件の趣旨は、以下のとおり。
(1)「概ね3年(債務者企業の規模又は事業の特質を考慮した合理的な期間の延長を排除しない。)後の当該債務者の債務者区分が正常先となることをいう」
再建計画の内容は短期間に徹底した経営改善を進めるものであることが必要であり、
i)　期間については、「私的整理に関するガイドライン」や旧産業再生機構の「支援基準」において3年が目処とされていること

ⅱ) 徹底した経営改善の結果、3年後に到達すべき状態については、「私的整理に関するガイドライン」においては「経常黒字化・実質債務超過解消」が求められていること

機構の「支援基準」においては、これらに加え、「有利子負債のキャッシュフローに対する比率が10倍以内となること」、「新たなスポンサーの関与等によりリファイナンスが可能と見込まれること」等が求められていることを踏まえ、抜本的と認め得る再建計画の内容は、対象債務者が「3年後」に「正常先」となるようなものでなければならないと考えられる。

(2) 「なお、債務者が中小企業である場合の取扱いは、金融検査マニュアル別冊「中小企業融資編」を参照のこと。」

中小企業においては、大企業と比較してリストラの余地も小さく黒字化や債務超過解消までに時間がかかることが多い。そこで、

ⅰ) 監督指針が「債務者企業の規模又は事業の特質を考慮した合理的な期間の延長」を認めていること、

ⅱ) 「私的整理に関するガイドライン」において、「中小企業においては合理的な理由があれば、柔軟な活用もあり得る」としており、中小企業の再建計画の策定を実務的にサポートする中小企業再生支援協議会においても、これを踏まえ、債務超過の解消年数は5年以内としていること、

ⅲ) 検査マニュアルでは概ね5年以内(5〜10年で概ね計画どおり進捗している場合を含む)に正常先となる経営改善計画が策定されていれば破綻懸念先から要注意先以上へのランクアップを認めていること

等を勘案し、中小企業に限り、検査マニュアルを参照して、卒業基準(要管理債権からのランクアップ基準)を「計画期間が概ね5年以内(5〜10年で概ね計画どおり進捗している場合を含む)で、計画終了後正常先となる経営改善計画が策定されていること」に緩和することとしている(※)。

(※) 金融検査マニュアルにおける「合理的かつ実現可能性の高い経営改善計画」を、監督指針における「実現可能性の高い抜本的な経営再建計画」と同義とみなして、差し支えない。

(※) 合理的かつ実現可能性の高い経営改善計画については、「金融機関の再建支援を要せず、自助努力により事業の継続性を確保することが可能となる場合」は計画終了時点における債務者区分が要注意先でも差し支えない。

○「金融検査マニュアルに関するよくあるご質問(FAQ)」
【別冊〔中小企業融資編〕検証ポイント5.(2)ホ】

(9−51)中小企業が、計画期間が5年を超え概ね10年以内となっている

> 経営改善計画を策定した場合、当該計画が順調に推移していることが確認できなければ、合理的かつ実現可能性の高い経営改善計画と認められないのでしょうか。

(答)
1. 字義どおりの解釈としては、進捗状況の確認が必要となりますが、実務上の対応として、当面、計画期間が5年を超え概ね10年以内となっている場合であっても、明らかに達成困難と認められなければ、策定直後であっても合理的かつ実現可能性の高い経営改善計画とみなして差し支えない旨、検査官に対して指示しています。
2. なお、計画の進捗状況を確認した結果、実績が計画を大幅に下回っており、今後も計画通りに推移するとの見通しが立たない場合は、卒業基準を満たさないと判断することになります。

3-4 財務DDの内容とチェックポイント

> 財務DDとはどのようなものですか。また、チェックポイントを教えてください。

(1) 財務DDとは

財務DDとは、財務に関するデュー・デリジェンス（Financial Due Diligence）の略であり、再生支援のほか、投資やM＆A等を行う検討段階で、事前に対象企業の財政状況を精査する作業のことである。

財務DDは、財務に関する専門家である会計事務所や監査法人等が実施することが多く、事業DDとセットで再生計画書のベースとなるものである。

(2) 財務DDの目的

再生計画では、事業の再構築や金融支援の実施により債務超過を解消したり、債務償還年数を短縮する内容が示されるが、そのベースとなる実質債務

超過額や収益力等が誤っていたのでは意味のないものになる。財務DDは正確な財務内容および収益力等を把握し、信頼できる再生計画書を策定するために行われる。

また、実態財務がわからないままでは、対象企業の再生可能性も判断できない。財務DDを実施して実態財務を把握することにより、事業再生のためにはどのような金融支援がどの程度必要なのかを検討することが可能になる。このため、再生支援の手続では、一般に、財務DDおよび事業DDを実施した後には、予想される金融支援の内容をふまえて関係者間で再生計画策定を継続するかどうかの協議が行われることが多い。

(3) 財務DDの内容

財務DDは、対象企業の財務状況や想定される金融支援内容等により実施内容が異なるが、債権放棄等を含む再生計画を検討する際には、一般にａ．実態貸借対照表、ｂ．正常収益力、ｃ．借入金および担保割付け、ｄ．清算貸借対照表と破産配当率の試算、ｅ．繰越欠損金の状況、ｆ．資金繰りの状況、ｇ．過剰債務の金額、ｈ．債務償還年数などの項目が含まれている。

a 実態貸借対照表（実態B／S)、実態自己資本金額、実質債務超過金額

対象企業の貸借対照表の各勘定科目について精査し、資産・負債の計上もれや減価償却不足など会計上の修正事項および不動産の含み損益などの修正事項を調整した実態B／Sを作成し、そこから実態自己資本金額（＝実質債務超過金額）を算出する。

また、金融検査マニュアルにおいて中小企業の場合は実態自己資本金額の検討にあたって代表者等の有する現預金や不動産も自己資本に加算できることとなっているため、債務者自身の資産負債に加えて、代表者の個人資産についての調査も行い、個人資産（中小企業特性）を加算した実態自己資本金額を算出する。

〈参考〉実態自己資本金額の検討例

修正項目	金額
A　帳簿上の自己資本金額	
①　会計上の修正事項	
現金の架空計上分の減額	
回収可能性の低い売掛金の減額	
販売可能性の見込めない棚卸資産の減額	
有形固定資産の減価償却不足	
有価証券の時価評価	
出資金の時価評価	
回収可能性のない長期貸付金の減額	
未払金の追加計上	
長期借入金の追加計上	
退職給付引当金の追加計上	
B　会計上の修正事項反映後の自己資本金額	
②　含み損益等の修正事項	
不動産の評価損益	
C　不動産の含み損益反映後の自己資本金額	
③　中小企業特性に基づく修正事項	
代表者等からの借入金	
代表者等が保有する不動産	
代表者等の借入金（控除）	
D　中小企業特性を反映後の実態自己資本金額	

b　正常収益力

過去3年程度の各年の損益データについて、粉飾など会計処理上の問題点の修正および一時的な要因の調整等を行い、修正要因調整後の利益の平均値を使って対象企業の正常収益力を算出する。

〈参考〉正常収益力の検討例

		X期	X＋1期	X＋2期	3期平均
A	修正前経常利益	1,000	1,500	▲1,000	500
B	修正項目	▲1,710	▲2,670	▲40	▲1,473
	売上高架空計上	▲1,000	▲2,000	0	▲1,000
	外注費計上もれ	▲500	▲550	0	▲350
	減価償却不足額	▲60	▲50	▲40	▲50
	臨時的損益	▲150	▲70	0	▲73
C	修正後経常利益（A＋B）	▲710	▲1,170	▲1,040	▲973
	修正後減価償却費	60	50	40	50
D	修正後償却前経常利益	▲650	▲1,120	▲1,000	▲923
	支払利息	35	34	33	34

c　借入金および担保割付け

借入金の明細、および担保設定状況を整理するとともに、担保不動産については時価評価を行い、金融機関ごとの借入金の保全状況を提示する。

d　清算貸借対照表と破産配当率の試算

各金融機関における今次再生計画の経済合理性を検討するための資料として、破産手続を採用した場合の清算貸借対照表を作成し、一般債権配当率を試算する。

e　繰越欠損金の状況

債務免除益や計画期間における課税負担を検討するための資料として、発生年度別の青色欠損金額とその繰越控除可能期限、ならびに期限切れ欠損金の金額を提示する。

f　資金繰りの状況

過去3期間程度の営業キャッシュフロー、投資キャッシュフローおよび財務キャッシュフローの内容と変動状況が示される。投資キャッシュフローの推移から毎年必要となる設備投資金額を検討する。

g　過剰債務の金額

要償還債務（注）のうち、フリーキャッシュフローの10倍を超える金額を過剰債務として算出する。

（注）　要償還債務……金融機関借入金から正常運転資金（（売掛金＋受取手形＋棚卸資産）－（買掛金＋支払手形））および現預金等を控除した金額。

〈参考〉過剰債務の検討例

A	金融機関借入金	
B	正常運転資金	①＋②－③
	①　売上債権	
	②　棚卸資産	
	③　仕入債務	
C	現金預金等	
D	要償還債務	A－B－C
E	フリーキャッシュフロー	④＋⑤－⑥＋⑦－⑧
	④　経常利益	
	⑤　支払利息	
	⑥　法人税等	
	⑦　減価償却費	

⑧	年間に必要な設備投資金額	
F	Eの10倍	E×10
G	過剰債務金額	D−F

h 債務償還年数

正常収益力をベースとした借入金返済原資を使って債務償還年数を試算する。

〈参考〉債務償還年数の検討例

A	金融機関借入金	
B	正常運転資金	①+②−③
①	売上債権	
②	棚卸資産	
③	仕入債務	
C	現金預金等	
D	要償還債務	A−B−C
E	借入金返済原資	④−⑤+⑥−⑦
④	経常利益	
⑤	法人税等	
⑥	減価償却費	
⑦	年間に必要な設備投資金額	
F	債務償還年数（年）	D÷E

(4) 財務DDのチェックポイント

対象企業の財務状況や金融支援内容により財務DDの検討項目は異なるが、一般的なチェックポイントとしては、以下のようなものが考えられる。

項目	記載内容	チェック項目
エグゼクティブサマリー（調査概要・要約）	調査基準日	調査内容が直近データを反映したものか
	実態B/S	修正仕訳が正しく反映されているか
	正常収益力	複数部門の場合、部門別での収益力分析がなされているか
		存続する事業に収益力は見込まれるか
	清算B/S、清算配当率	清算価値修正は適切に行われているか
		一般債権金額は適切に計算されているか
企業概要	株主、従業員、組織、役員	再生計画を阻害する株主は存在しないか
		対象企業が反社会的勢力等に該当しないか
		人的経営資源からみて、再生策の実施が期待できるか
	重要な契約	私的整理が解除条件となるような重要な契約はないか
		偶発債務（保証債務、係争に係る賠償義務、先物売買契約等）はないか
	関係会社の状況	私的整理に含まれる会社と含まれない会社の選定は適正か
P/L	P/Lの推移	収益・費用の推移と、主な増減理由が説明されているか
	正常収益力	事業単位ごとの収支構造が把握できるか
		存続する事業に収益力は見込まれるか
		関連会社がある場合、関連会社を含めた収支の実態把握ができているか
B/S	B/Sの推移	資産・負債の各科目金額の推移と、主な増減理由が説明されているか

B/S	売却予定不動産	処分価格による評価がされているか、自行評価と比較して乖離はないか
		売却時期は明記されているか、売却に向けた努力がうかがえるか
	継続保有不動産	事業継続価値による評価がされているか、自行評価と比較して乖離はないか
	投融資	可能な限りの実態調査が行われているか、不当な減額修正がされていないか
	引当金	再生計画にリストラ（人的・物的）が予定されている場合、引当が適切に計上されているか
	偶発債務	偶発債務（保証債務、係争に係る賠償義務、先物売買契約等）はないか
	簿外負債	延滞している金融債務に対する未払利息・遅延損害金等が明記・認識されているか
	滞留債務	滞留債務が再生計画に与える影響はないか（特に租税・労働債務）
	銀行借入金	残高が一致しているか
		未払利息・遅延損害金がある場合、債務認識しているか
	保全状況	全担保物件が網羅されているか
		担保評価は適切か
		担保評価把握のために不動産鑑定を行っているか
		同順位・共同担保の銀行ごとの按分は適切か
	未払金	租税公課の滞納はないか
キャッシュフロー		当面の資金繰り破綻はないか
		内容のわからない収入・支出項目はないか
税務	欠損金の状況	再生計画実行段階で繰越欠損が利用できそうか
清算価値	清算B/S	清算価値修正は適切に行われているか
	清算配当率	再生計画における回収額は破産を想定した回収額を上回るか

3-5 事業DDの内容とチェックポイント

> 事業DDとはどのようなものですか。また、チェックポイントを教えてください。

(1) 事業DDとは

　事業DDとは、事業に関するデュー・デリジェンス（Business Due Diligence）の略である。財務DDでは事業活動の結果である財務データを分析するが、事業DDでは対象企業を取り巻く事業環境や事業活動等を実態調査し、窮境に至った原因や現状の課題を抽出するとともに、それらの課題を解決するために必要となる改善の方向性を検討する。財務DDとセットになり再生計画書のベースとなるものである。

(2) 事業DDの目的

　再生計画の策定にあたっては、その実現可能性を高めることが重要になる。再生計画の実現可能性を高めるためには抽象的な改善策を並べるのではなく、対象企業の経営課題を明確に把握し、その課題を解決するための具体的なアクションプランを作成することが有効である。このように、実現可能性の高い再生計画の作成には対象企業の経営課題と具体的な事業活動を把握しておく必要があり、これらを調査・分析するのが事業DDである。
　また、対象企業の事業環境や具体的な事業活動を十分に把握しない段階では、事業再生可能性の判断はできない。財務DDおよび事業DDは再生可能性を判断するための材料としても活用され、DDが完了した段階で、関係者間で事業再生可能性についての協議が行われることが多い。

(3) 事業DDの内容

　事業DDの内容は、業種や企業規模等により異なるが、一般には次のような内容が含まれている。

　a　具体的な事業内容および経営環境の調査結果
　対象企業の企業概要、沿革、ビジネスモデルなど具体的事業内容、および所属する業界の状況、取引先との取引状況や競合先の状況などの調査結果。

　b　SWOT分析
　対象企業の外部環境や内部環境の調査結果から、強み・弱み・機会・脅威を抽出・整理したもので、今後の取組方針策定のベースとなるもの。

　c　今後の取組みの方向性
　窮境原因および現状の課題をふまえて、対象企業の再生のために必要と考えられる取組みの方向性を検討する。

(4) 事業DDのチェックポイント

　対象企業の状況により、事業DDのチェックポイントは異なるが、事業DDの記載項目および一般的なチェックポイントとしては、以下のようなものが考えられる。

基本項目	内容	チェック項目
外部環境分析	市場分析	当社事業が属する市場の状況（これまでの推移、製品別、地域別等）
		同市場の今後の見通し（需要予測）はどうか
		業界構造における制約等はあるか（買い手・売り手の強い交渉力等）
	競合分析	競合他社の状況はどうか（競合先ごとの強み、弱み、市場内シェア等）
		競合他社に対し当社の立ち位置はどうか

内部環境分析	事業経歴	事業経歴を通して窮境に陥った原因が分析されているか
		撤退事業と存続事業の判断基準は明確か（コア・ノンコア、Good・Bad等）
	製品、サービス	存続事業の製品サービスの競争優位性、問題点は明確か
		事業構造を把握し機能ごとの分析がなされているか（調達～生産～物流～販売・サービス等）
		取引先ごと（仕入・販売等）、地域・営業所ごとの分析がなされているか
	事業用資産	旅館施設・店舗等事業用資産の競争優位性（立地等）は分析されているか
		耐震リスク、要補修リスク、土壌汚染等、今後の再生の阻害要因は分析されているか
		生産設備等の分析はされているか
	財務	当社の正常収益力が示されているか
		関係会社を含めた全体の収益力は示されているか
	株主	再生計画を阻害する株主は存在しないか
	経営者	これまでの現経営者の事業関与、実質的な権限等はどうか
		新たな経営者に適する候補は存在するか
	経営管理体制	現状の経営管理体制（人材面、組織面）はどうか
	組織・人的資源	過剰人員、組織構造上の問題点が分析されているか
		再生に資する人的資源を有しているか
	関係会社	関係会社についての概要、今後の方針等は明確になっているか
今後の方向性	事業の方向性	再生に向けた当社事業の方向性は適切かつ明確か（窮境原因、外部環境分析、内部環境分析に基づいているか）
		当社事業の方向性に対する経営課題の設定は適切かつ明確か
	経営課題の設定	経営課題は短期的課題、中長期的課題に分けられているか

3－6　再生計画書の内容

再生計画書には、どのような内容が記載されているのか教えてください。

再生計画（注）書には、一般に、次のような項目が記載されている。

項　目	内　容
(1) 自社の概要	会社概要、事業概要
	関連会社の概要等
(2) 財務状態および業績推移	実態貸借対照表
	損益計算書の推移（過去3カ年）
	キャッシュフロー計算書の推移
	有利子負債の状況
(3) 窮境の原因とその除去可能性	窮境の原因
	窮境原因の除去可能性
(4) 再生計画の骨子と数値計画	再生計画の骨子、事業再構築策、財務再構築策
	P／L計画、B／S計画、C／F計画
	設備投資計画、資産売却計画、アクションプラン
(5) 経営責任等	経営者責任、株主責任、保証人責任
(6) 金融機関への依頼事項	金融支援依頼事項の内容
	今後のスケジュール
	本再生計画の管理方法
	債権者の経済合理性の検証

(1) 自社の概要

会社概要では自社の沿革、事業所所在地、役員・従業員・株主の状況、組

織の状況等が記載される。事業概要では、自社の事業内容、重要な許認可、業界動向・業界分析、製品・商品、ビジネスモデル図、販売チャンネル、主力取引先など、事業DDで調査した項目などが記載される。その他、関連会社がある場合にはその概要が記載される。

(2) 財務状態および業績推移

実態貸借対照表は、決算貸借対照表の各勘定科目について粉飾・計上もれなど会計上の修正および不動産の含み損益の修正を行ったもので、実質債務超過金額が示される。損益計算書およびキャッシュフロー計算書は3年程度の期間の推移が記載される。有利子負債の状況では、金融機関別に有利子負債残高の推移、担保等による保全状況等が記載される。

(3) 窮境の原因とその除去可能性

業績が悪化して窮境状況に陥った原因、および窮境原因の除去可能性とそのための対応策などが、財務DDおよび事業DDの調査結果をふまえて記載される。

(4) 再生計画の骨子と数値計画

再生計画の骨子、事業再構築策および財務再構築策として、事業再生のための事業面および財務面の改善策の骨子、およびその具体的な内容の説明が記載される。また、これらの再構築策実施によるP／L（収支）計画、B／S（貸借対照表）計画、C／F（キャッシュフロー）計画、および必要に応じて設備投資計画、資産売却計画、タックス（税金）計画等が作成される。また、事業再構築策については、各取組項目別に、責任者、目標、実施スケジュール等を一覧表にしたアクションプランが作成される。

(5) 経営責任等

経営者責任、株主責任および保証人責任について、記載される。

(6) 金融機関への依頼事項

事業再生にあたり必要となる金融支援について、金融機関別に支援依頼事項が記載される。また、当該金融支援の実施スケジュールおよびモニタリング等による再生計画の管理方法、およびこの再生計画による金融機関の回収見込額と破産した場合の配当金額との比較などが記載される。

(注) 再生計画……私的整理による事業再生にあたり策定される計画書のことで、「私的整理に関するガイドライン」および「税法」では「再建計画」といい、「金融検査マニュアル」では「経営再建計画」、「中小企業再生支援協議会」では「再生計画」という用語を使っている。それぞれの制度や機関で用語は異なるが、内容に大きな違いはない。本書では、各制度や機関の説明の部分では、そこで使われている用語を使い、それ以外では「再生計画」を使っている。

〈参考〉公的再生支援機関における再生計画の内容および基準

公的再生支援機関がそれぞれの支援基準等に定めている再生計画の内容および基準等は、以下のとおりである。

	(参考) 私的整理ガイドライン	中小企業再生支援協議会
支援基準等	私的整理に関するガイドライン	中小企業再生支援協議会事業実施基本要領　同Q&A
債務超過解消	原則として再生計画成立後最初に到来する事業年度開始の日から3年以内をメドに実質的な債務超過を解消	原則として再生計画成立後最初に到来する事業年度開始の日から5年以内をメドに実質的な債務超過を解消
有利子負債比率（対CF）	－	原則として再生計画の終了年度（原則として実質的な債務超過を解消する年度）における有利子負債対キャッシュフロー比率がおおむね10倍以下

経常利益	経常利益が赤字である場合は、原則として再生計画成立後最初に到来する事業年度開始の日からおおむね3年以内をメドに黒字転換する内容とする	
経営者責任	（債権放棄等を受ける場合）経営者は退任することを原則とする	対象債権者に対して金融支援を要請する場合には、経営者責任の明確化を図る内容とする（退任を必須とするものではなく、役員報酬の削減、経営者貸付の放棄、私財提供等によることもありうる）
株主責任	（債権放棄等を受ける場合）支配株主の権利を消滅させることはもとより、増減資により既存株主の割合的地位を減少または消滅させることを原則とする	
再生計画における債権者間の衡平性	再生計画における権利関係の調整は、債権者間で平等であることを旨とし、債権者間の負担の割合は、衡平性の観点から個別に検討する	
経済合理性（法的整理との比較）	（債務免除等の場合）他の再生・破産手続による債権額の回収見込みよりも多くの回収が得られる見込みが確実であるなど、対象債権者にとって経済的な合理性が期待できる内容とする	

	地域経済活性化支援機構（REVIC）	整理回収機構（RCC）	事業再生実務家協会（事業再生ADR）
支援基準等	株式会社地域経済活性化支援機構支援基準 地域経済活性化支援機構の実務運用標準	RCC企業再生スキーム	事業再生に係る認証紛争解決事業者の認定等に関する法令
債務超過解消	－		原則として再生計画成立後に到来する事業年度開始の日から3年以内をメドに実質的な債務超過を解消

有利子負債比率（対CF）	支援決定の予定日から5年以内に有利子負債対キャッシュフロー比率が10倍以内、かつ、経常収入が経常支出を上回ること	―	
経常利益	支援決定の予定日から5年以内に次の生産性向上基準のうち1つを満たす計画であること ・自己資本当期純利益率が2％以上向上 ・有形固定資産回転率が5％以上向上 ・従業員1人当りの付加価値率が6％以上向上等	経常利益が赤字である場合は、原則として再生計画成立後最初に到来する事業年度開始の日から3年以内をメドに黒字転換すること	
経営者責任	（債務免除等の場合）経営者は退任することを原則とする。債権者やスポンサーの意向により引き続き経営に参画する場合も、私財提供などある程度の責任を追及する	（債務免除等の場合）経営者は退任することを原則とする。債権者やスポンサーの意向により引き続き経営に参画する場合も私財の提供などけじめの措置を講じる	（債権放棄を伴う場合）役員は退任する。ただし、事業に著しい支障をきたす場合は除く
株主責任	（債務免除等の場合）支配株主の支配権を消滅させるとともに、増減資により既存株主の割合的地位を消滅させるか、大幅に低下させる	（債務免除等の場合）支配株主の支配権を原則として消滅させるとともに、増減資により既存株主の割合的地位を消滅させるか大幅に低下させる	（債権放棄を伴う場合）株主の権利の全部または一部の消滅
		再生計画における権	原則債権者間

再生計画における債権者間の衡平性	−	利関係の調整は、正当な理由のない限り債権者間で平等であることを旨とする	は平等。ただし、債権者間に差を設けても衡平性を害しない場合はこの限りではない
経済合理性（法的整理との比較）	申込事業者が清算した場合の債権の価値を再生計画を実施した場合の価値が下回らないと見込まれること	事業を清算した場合の回収額よりも当該事業を再生継続させた場合の回収額が債権者にとって上回ると見込まれなければならない	
その他	建設業の取上げは別基準あり	−	−

（出典）　各機関の支援基準等を基に作成

3-7　再生計画書のチェックポイント

再生計画書の内容を検討する際のチェックポイントを教えてください。

　債権放棄等の金融支援を含む再生計画書については、一般に、次のような項目について検討が行われる。

検討項目	検討内容
金融支援の必要性	✓　要請されている金融支援は必要不可欠か。 ・金融支援がなければ経営再建が困難な状況にあるか確認する。
透明性	✓　計画の根拠となる資産評価等が適正に行われているか。 ✓　再生計画策定には公的再生支援機関が関与しているか。

透明性	✓ 「私的整理に関するガイドライン」に基づいて計画が策定されているか。 ・法的整理と違い、私的整理の場合は裁判所の関与がないので、透明性の確保のためには利害関係のない第三者がDDを実施し、再生計画の策定を支援する公的再生支援機関が関与することが望ましい。
衡平性	✓ 対象債権者間で、金融支援内容の衡平性はとれているか。 ・債権放棄やDDSが行われる場合には、原則、金融支援額は非保全プロラタ（〈参考1〉参照）で配分される。また、リスケの場合の返済金額は一般的に残高プロラタで配分される。 ・対象企業に代表者を派遣している等、関与度合いが著しく高い金融機関がある場合は、上記原則とは異なり、実質的な衡平性が図られるように金融支援金額の配分を検討する。
経営責任等	（経営者責任） ✓ 経営者は経営者責任を明確にして退任しているか。 ・原則：債権放棄等が要請される場合、経営者は経営者責任をとって退任することを原則としている。 ・例外：次のような場合は経営者の退任を求めないこともある。 　➤ 窮境の原因を招いた前経営者はすでに退任しており、新経営者が再建に取り組んでいる。 　➤ 現経営者が私財提供や役員報酬の削減等による経営者責任履行を表明しており、かつ債権者やスポンサーが現経営者の経営参画を希望している。 　➤ 現経営者が退任した場合、事業継続に著しい支障が生じる。 （株主責任） ✓ 株主は株式の無償譲渡、または減資等により株主責任を履行しているか。 ・債権放棄等が要請される場合、株主責任の明確化を計画に盛り込み、原則として株主の権利の全部または一部を消滅させる。 （保証人責任） ✓ 保証人責任の明確化、履行が適切に行われているか。 ・債権放棄等が要請される場合、保証人責任を明確化し、原則として保証人は法的整理により保証履行するか、あるいは、個人資産を開示するとともに開示した情報の内容の正確性について表明保証し、破産手続における自由財産程度の資産を残して残額を保証債務の返済に充当する。

実現可能性	✓ 数値計画の算出根拠は明確か。 ✓ 改善施策は実行可能なものか、また、その改善効果は数値計画に適切に織り込まれているか。 ✓ 計画実行に必要な人的資源は確保されているか。 ・数値計画は過去の業績推移、同業者平均指標等からみて妥当かどうか検証する。 ・経営改善のための改善施策については、その内容が妥当か、実行可能か、実行した場合の効果が適切に数値計画に反映されているか、実行のためのアクションプランとその進捗管理の仕組みがつくられているか等について検討する。 ・計画を実行するためには従業員の協力が不可欠であるため、改善施策を実行するために必要な組織面の整備が行われているか確認する。再生計画では人件費削減を伴うケースが多いが、従業員のモチベーションを維持・向上させることが可能かどうかも検討する。
経済合理性	(法的整理との比較) ✓ 再生計画による貸付金の回収見込額は、法的整理による場合の回収見込額よりも多くなっているか。 (事業価値等の妥当性) ✓ 第二会社方式または再生ファンドへの債権譲渡の場合、再生計画で示されている事業価値や債権の譲渡価格は適切か。 ・財務DDで示されている破産手続となった場合の配当率の試算結果等を使って、破産した場合の回収見込額と、今次計画による回収見込額を比較し、今次計画による回収見込額が多いことを確認する(〈参考2〉参照)。 ・第二会社方式や、再生ファンドへの債権譲渡の場合、金融機関の債権放棄金額や債権譲渡損の金額は事業価値や、債権譲渡価格により決まるので、これら事業価値等の金額が適正かどうか確認する(「2-8 事業価値の算定」および「2-12 再生ファンドへの債権譲渡の概要」参照)。
政策性	✓ 今次事業再生は政策的な観点からも必要とされるものか。 ・次のような政策的な効果が期待できる事業であるか検討する。 ① 地域社会にとって不可欠な事業 ② 今後発展が見込まれる有望な事業 ③ 地域雇用の重要な受け皿となっている事業

〈参考1〉 衡平性：信用プロラタと残高プロラタ

・計画前借入残高1,720、債権放棄760、債権放棄後の残債は分割返済の例。
・債権放棄金額は残高から担保保全金額を控除した非保全金額シェアで、各行に配分。
・債権放棄後残債の毎年の返済額は、年間借入金返済予定金額を債権放棄後の残高シェアで各行に配分。

(単位：百万円)

	計画前借入残高 (A)	保全金額 (B)	非保全金額 (C)=(A)−(B)		債権放棄額 (D)		非保全カット率 (D)/(C)	債権放棄後残高 (A)−(D)		残債年間返済額
A行	1,004	392	56%	612	56%	428	70%	60%	576	60%	38
B行	460	184	26%	276	26%	192	70%	28%	268	28%	18
C行	156	36	11%	120	11%	84	70%	8%	72	8%	5
その他	100	20	7%	80	7%	56	70%	4%	44	4%	3
合計	1,720	632	100%	1,088	100%	760	70%	100%	960	100%	64

債権放棄は非保全シェアで配分（非保全プロラタ）

償還条件変更は残高シェアで配分（残高プロラタ）

〈参考2〉 法的整理の場合との比較

　自行の債権と、他行を含めた債権全額について、今次計画による回収見込額と破産の場合の回収見込額を比較する。回収見込額は、担保保全部分の債権、非保全部分の債権に分けて検討し、保証人等からの弁済がある場合はその金額も勘案する。

		当行			全体		
		今次計画 (A)	破産 (B)	差引 (C)=(A)−(B)	今次計画 (D)	破産 (E)	差引 (F)=(D)−(E)
債権額							
回収額	（担保保全部分）						
	（非保全部分）						
	（保証人等からの弁済）						
	合計						

財務DDの清算B／Sから清算評価額を記載

財務DDの破産配当率×一般債権金額

Part 3

私的整理による事業再生事例

Part3では、日本政策金融公庫中小企業事業本部（旧中小企業金融公庫。以下、「日本公庫」という）が関与して私的整理による事業再生支援を行ったもののなかから業種や金融支援内容の異なる10件について、再生支援前の状況から再生スキームや金融支援内容など再生計画の概要および再生計画実施後の財務改善状況と事業再生の効果を具体的に紹介している。紹介する事例（注）の業種は、各種製造業を中心としているが、債権放棄、第二会社方式、DDS、DESおよび再生ファンドへの債権譲渡の金融支援手法について、失敗例も含めて幅広く紹介し、中小企業者向けの事業再生で活用される主要な手法を網羅している。

　また、それぞれの事例について、金融機関が主体的に再生支援を推進するためのスキーム作成および金融調整のポイントやその検討例を掲載した。取引先の再生支援にあたり再生計画の評価・検討方法については、それぞれの金融機関において独自のルールが定められていると思われるが、ここでは、「私的整理に関するガイドライン」や公的再生支援機関の手続規定等の考え方に基づいて、金融機関が行う再生計画の検討例をあげている。

　なお、事例のなかの再生スキームで使われている金融支援手法などについては、Part2においてQ&A形式で詳細に解説しているので、必要に応じてPart2の該当箇所を確認しながらご覧いただきたい。

（注）　本事例は日本公庫が関与した事業再生案件をベースに作成したが、各事例の業種、取扱品、数値データ等の一部を変更している。

1 ▶製造業　【第二会社方式（実質債権放棄）】
地域の異なる店舗網を別のスポンサーに譲渡し再生

企業の概要と計画前の状況

【業種】食品製造業

【取引金融機関等】地方銀行、信用金庫、日本公庫、ほか

【再生計画前の状況】

・A社は、地元では高い知名度を有する老舗の和菓子製造販売業者。本社近辺と大都市圏の2カ所に約100店舗の店舗網を有していた。投資採算検討が甘いまま、地元から離れた大都市圏で店舗展開を進めた結果、出店コストを回収できない店舗が急増、過剰債務と大幅な債務超過に陥った。

・その後もA社は経営者一族による立て直しに固執し、メインバンクは単独でDDSによる支援も行ったが、経営能力の不足により有効な対策を打ち出すことができずCF赤字は続いた。

・最終的には赤字累積によって約800百万円もの実質債務超過に陥り、メインバンクと相談のうえ、遂に独力での再建を断念し、公的再生支援機関に対して支援要請を行った。

【業績推移】

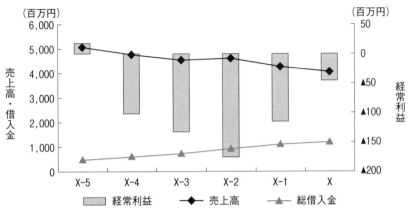

> 再生計画の内容

【再生スキーム】　第二会社方式（実質債権放棄）

【スキームの概要】

① 本社近隣の店舗網は、地元洋菓子製造業者に会社分割によって承継する（分割対価280百万円）。

② 大都市圏の店舗網のうち、黒字化が見込まれる約半数の店舗は、過去債務者からのれん分けした同業者に事業譲渡する（譲渡対価9百万円）。

③ 上記会社分割・事業譲渡対価から、譲渡対象外店舗の清算・撤退に必要な費用を控除した残額について、金融機関に一括弁済する。

④ 弁済後の残額については、特別清算手続のなかで金融機関から実質的な債権放棄を受ける（金融債務1,175百万円のうち886百万円の実質債権放棄）。

⑤ 経営陣は、「経営者保証に関するガイドライン」に基づき保証免除を受ける。

【スキーム図】

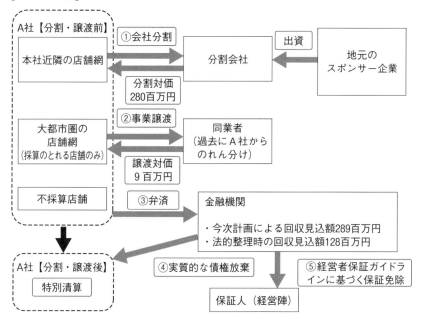

【金融支援の内容】

① 金融債務1,175百万円のうち886百万円を債権放棄する。各行の支援額は非保全プロラタで配分する。

　非保全金額合計934百万円に対して886百万円の債権放棄、非保全カット率は95％。全行が一律非保全カット率95％で金融支援を行う。なお、非保全債権には、DDS債権が含まれていたが、非保全配当対象とはせず、優先的に放棄する取扱いとしている。

② 事業用の担保物件は、会社分割後の新会社に売却、非事業用の担保（役員居宅）は第三者に売却（合計241百万円）し、担保権者に弁済。

各金融機関の金融支援の内容　　　　　　　　　　　　　　　　　（単位：百万円）

	計画前借入残高(A)	保全金額(B)	非保全金額(C)		同左A行既往DDS控除後の非保全金額(D)		実質債権放棄額(E)		非保全カット率(E)／(C)	一括弁済額(A)－(D)
A行	656.1	165.0	52%	491.1	48%	411.1	53%	468.1	95.3%	188.0
B行	148.0	0.0	16%	148.0	17%	148.0	16%	139.7	94.4%	8.3
C行	92.3	0.0	10%	92.3	11%	92.3	10%	87.1	94.4%	5.2
その他計	278.4	75.7	22%	202.7	24%	202.7	21%	191.2	94.4%	87.2
合計	1174.8	240.7	100%	934.1	100%	854.1	100%	886.1	94.9%	288.7

【経営責任等】

① 旧経営陣は、全員退任、自宅は売却し、担保権者に弁済（不動産以外の自由財産を超える資産なし）。

② 旧経営陣が保有する株式は、特別清算手続において無価値となる。会社分割により設立される新会社には旧経営陣の出資なし。

【法的整理との比較】

① 今次再生計画による金融機関の回収見込額　　289百万円
　　　うち保全部分の回収見込額　　　　　　　241百万円
　　　　　非保全部分の回収見込額　　　　　　48百万円

② 破産した場合の担保処分および破産配当による回収見込額　128百万円
　　　うち担保権（特定価格）　　　128百万円
　　　　　一般債権配当　　　　　　なし
　　　（予想破産配当率　　0％）

再生計画の検討

　私的整理に関するガイドライン等による事業再生の考え方をふまえて、今次再生計画のチェックポイントを検討する。

① 金融支援の必要性

　　✓ メインバンクは単独でのDDSといった踏み込んだ金融支援をすでに行っていたが、債務超過額が過大で旧経営陣の能力を超えるものと

なっていたため、業績回復のメドは立たず、現状のままでは経営破綻に至る可能性が高いと考えられる。

② 透明性
- ✓ 公的再生支援機関の関与のもとで再生計画を策定している。
- ✓ 財務面および事業面については専門家が実態調査を行い財務DDおよび事業DDを提出している。

③ 衡平性
- ✓ 金融機関の金融支援額はDDS債権を控除した非保全残高シェアに応じて各行に配分（非保全残高プロラタ）されている。
- ✓ 担保処分代金による弁済は、売却物件に設定された担保設定順位に応じて行われている。
- ✓ 債権放棄後の残債権は、全行へ一括弁済となっている。

④ 経営責任等
- ✓ 旧経営陣は退任し、個人資産売却によりA社借入金の一部を弁済する。また、これに伴うA社に対する求償権は放棄する。
- ✓ 旧株主の保有株式は、特別清算手続のなかで無価値化される。

以上により、経営者責任、株主責任を履行している。

⑤ 実現可能性
- ✓ スポンサー企業はいずれも財務状況に問題はなく、一定の食品製造に関するノウハウを有することから、引継ぎ後の店舗網を円滑に運営することが期待されている。
- ✓ 既往債権者に対しては、一括弁済を行うため、今後の業況変動による破綻リスクはない。

⑥ 経済合理性
- ✓ ［債権放棄額の合理性］

　今次再生計画では、債権放棄金額は886百万円となっている。公的再生支援機関関与のもとで可能な限りのスポンサー選定を行い、最高値のスポンサーからの会社分割・譲渡対価をもとに弁済できうる金額

等を基に算出されたもので、経済合理性は認められる。

✓ ［法的整理との比較］

今次再生計画による貸付金の回収見込額289百万円は、破産した場合の回収見込額128百万円を上回っている。

⑦ 政策性

✓ A社本社近隣の店舗網では約320名、大都市圏でも約80名の雇用を創出しており、地域社会に大きな影響力を有している。今次再生計画ではA社は本社近隣店舗の従業員は全員、大都市圏の店舗でも約7割の雇用が維持され、取引のある仕入れ・外注先も多数あることから地域の活力維持が期待できる。

一括弁済のため、その後の詳細な業況は不詳ではあるが、計画合意後、3年を経過している現在においても、地元・大都市圏の店舗ともさらなる店舗閉鎖等はなく営業を継続しており、再生は軌道に乗っているものと評価される。

【計画策定・金融調整における主な論点】

✓ ［金融支援割合における衡平性］

○過去にメインバンクが単独で行ったDDS債権について、次の理由により他のシニア債権と同列に扱うべきとの意見も出され、金融調整のポイントとなった。

(DDS債権を同列に扱う理由)

① 本件が法的整理ではなく、準則型私的整理手続によるものであること。

② 過去のDDSは、非保全プロラタによるものでなくメインバンクが単独で行ったものであり、これをDDS債権であるというだけで劣後させることはメイン寄せであり、メインバンクの負担が過重であると考えられること。

最終的には、金融検査マニュアル上、自己資本とみなせる以上、通常債権よりも劣後させるべきといった主張にメインバンクが折れ、シニア債権に対して配当を劣後させるかたちで合意に至っている。

○過去にDDSを行った債務者が、計画下振れにより第二会社方式（実質債権放棄）での事業再生に移行したもののなかには、DDS債権と通常債権を同列に扱った事例もあり、現在のところ、その取扱いはケース・バイ・ケースである。

○しかしながら、最近のDDSによる金融支援は完全非保全残高プロラタでなく、メインまたは大口債権者のみが金融支援を行うケースが多いなか、「第二会社方式に移行した場合、DDS債権は劣後する」といった運用が常態化すると、各金融機関がDDSによる金融支援を躊躇することも懸念される。

○よって、近年のDDS支援の運用実態を鑑みれば、全行同意により、一部の大口債権者がDDSを行っているようなケースでは、DDS債権を一律に劣後とすることなく、一定の配慮を示すことが地域における事業再生を円滑に進めるために必要と思料される。

○DDS支援を行う場合に将来的に第二会社方式に移行した場合の措置を定めることは現実的には困難とみられるが、私的整理の推進のためには当該地域における各金融機関の連携・協調が不可欠であり、当該案件における自行の利害のみでなく、金融支援を多く負担している債権者への配慮が望まれるところである。

✓［大都市圏における店舗網の事業譲渡］

○大都市圏における店舗網は、全体としては赤字であったため、スポンサー探しは当初から難航されることが予想された。しかしながら、①すべて賃借店舗であり、単純に全店を事業閉鎖した場合、原状回復費用が弁済原資を圧迫することが予想されたこと、②80名を超える雇用を抱えており、単純な事業閉鎖は雇用への影響のみならず、風評被害を招き、私的整理の匿名性が損なわれることが懸念されたことから、債権者の合意を得てスポンサー探しを行った。

○結果としては、まったくの第三者がスポンサーとなることはなく、かつてA社と人的な交流があり、技術支援を受けていた会社がスポン

サーとして手をあげたにとどまった。雇用面・原状回復費用の節減のいずれの面からも店舗網すべての譲渡が望ましかったが、負担付譲渡が困難であることからスポンサー側の採算面にも考慮し、結果的には約半数の店舗の譲渡（雇用面では7割）で決着、残る店舗・従業員はそれぞれ閉鎖・解雇することとなった。

【再生の効果】
・破綻寸前の地元の老舗企業が、スポンサー支援により再生され、約380名の雇用と地元での取引関係が維持された。
・破綻・法的整理を回避することで債権者にとっても回収の極大化とすみやかなオフバランスが実現した。

2 ▶旅館業　【第二会社方式（実質債権放棄）・DES】

前経営陣の干渉をDESで克服して再生

企業の概要と計画前の状況

【業種】和風旅館
【取引金融機関等】地方銀行、日本公庫、ほか
【再生計画前の状況】
・B社は、地域一番館の温泉旅館。主力ターゲットの団体客がバブル崩壊後大幅に減少、インバウンドの取込みによる経営改善を目論んでいたが、東日本大震災の余波でさらに業況悪化が進み、借入弁済が困難となったことから、金融機関にリスケジュール支援を要請した。
・その後、約5年間にわたりメインバンク主導でリスケジュール＋経営改善計画策定による経営改善を模索してきた。しかしながら、後継者である親族が、①設備の維持補修に資金が回らず、老朽化が進んでいること、②経営実権者（会長）が「旅館としての格の維持」を理由として経営改善策の実施に消極的であるなかで、業況改善にも限界があることから、抜本再生を決断（当該時点における実質債務超過額1,500百万円）した。
・経営責任（自らの退任）を理由として抜本再生を渋る経営実権者（会長）を親族と債権者が協力して説得し、公的再生支援機関に支援要請を行った。

【業績推移】

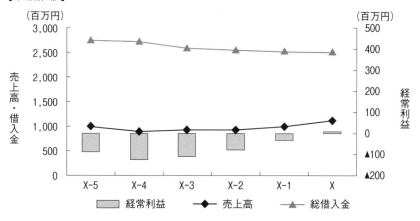

> [!NOTE] 再生計画の内容

【再生スキーム】 第二会社方式(実質債権放棄)・DES
【スキームの概要】

① B社は、新設分割により受け皿となる新会社を設立。金融債務2,517百万円のうち、1,032百万円を承継。承継した借入金の一部はDESにより株式化。残る1,485百万円については、特別清算手続のなかで金融機関から実質的な債権放棄を受ける。

② 経営実権者の会長は退任。新会社の代表者は社長である親族が引き続き就任。新会社の株主構成は、社長の妻が40％、残る60％は金融機関が保有(ファンド出資20％、DES株40％)。会長は責任をとり退任するが、後継者である親族に対して影響力を行使することが懸念されたため、ガバナンス維持の観点から新会社株式の過半は金融債権者が保有することとした。

③ 新会社は、これまで会長の抵抗により十分に実行に移せなかったインバウンドに対する営業強化、インターネット販売強化による直接売上比率の改善等の経営改善策を実施する。老朽化した設備については収益を原資として計画的に更新投資を行う。

④ 新会社が引き継いだ債務については、17年ピッチで分割弁済を行う。
⑤ 経営実権者（会長）および親族（社長）の連帯保証は、「経営者保証に関するガイドライン」に基づき保証免除。ただし、新会社が承継した債務（DESにより株式となった部分を除く）については、親族（社長）が引き続き連帯保証する。

【スキーム図】

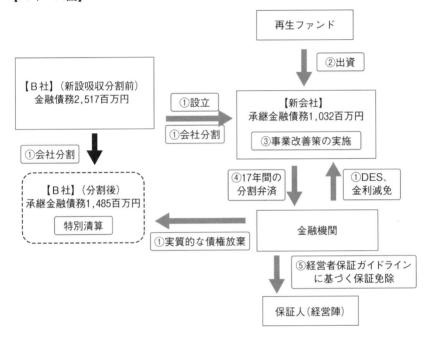

【金融支援の内容】
① 金融債務2,517百万円のうち、1,032百万円を新会社が免責的債務引受。金融支援割合は非保全残高プロラタを原則とするが、一部の少額債権者に係る債務は全額新会社に承継。
② 新会社が承継した借入金1,032百万円のうち、3百万円をDESにより株式に転換。
③ B社の特別清算申立てを承認する。特別清算手続のなかで、旧会社に残

存する借入金約1,485百万円は債権放棄を受ける。
④ 新会社への承継債務については、金利を低減したうえで、17年間の分割弁済とする。

各金融機関の金融支援の内容　　　　　　　　　　　　　　　　　　（単位：百万円）

	計画前借入残高(A)	保全金額(B)	非保全金額(C)		実質債権放棄額(D)	非保全カット率(D)/(C)	DES実施額(E)	支援後シニア債権残高(A)-(D)-(E)	弁済期間
A行	1080.1	258.7	44%	821.4	46%	674.9	82.2%	1.6	403.6	17年
B行	853.4	69.2	42%	784.2	43%	644.3	82.2%	1.6	207.5	17年
C行	218.3	8.2	11%	210.1	11%	165.8	78.9%	0.0	52.5	17年
その他計	365.2	298.9	3%	66.3	0%	0.0	0.0%	0.0	365.2	17年
合計	2517.0	635.0	100%	1882.0	100%	1485.0	78.9%	3.2	1028.8	17年

【経営責任等】
① 経営実権者（会長）は退任する。後継者である親族は経営実権者が招いた経営危機を乗り越えるべく、経費削減や新規取引先開拓等、経営改善に取り組んでいることから新会社社長として留任する。
② 社長一族には自由財産を超える保有資産はなく、表明保証のうえ、「経営者保証ガイドライン」に基づき保証免除を受ける。
③ 既存株主については、B社の特別清算手続において株式価値がゼロになることにより株主責任を履行する。新会社に対して経営実権者（会長）は出資せず、再生ファンドおよび金融機関が過半の株式を取得することでガバナンスを確保する。

【法的整理との比較】
① 今次再生計画による金融機関の回収見込額　1,029百万円
　　うち分割弁済による回収見込額　　1,029百万円
② 破産した場合の担保処分および破産配当による回収見込額　488百万円
　　うち別除権（特定価格）　　480百万円
　　　一般債権配当　　8百万円

再生計画の検討

　私的整理に関するガイドライン等による事業再生の考え方をふまえて、今次再生計画のチェックポイントを検討する。

① 金融支援の必要性
- ✓ 後継者である親族の必死の改善努力にもかかわらず、売上高1,115百万円に対し、実質債務超過額1,500百万円、借入2,517百万円と、自助努力で（売上高を上回る）借入金の弁済を履行することは不可能な状態となっており、現状のままではいずれ経営破綻に至る可能性が高い。

② 透明性
- ✓ 公的再生支援機関の関与のもとで再生計画を策定している。
- ✓ 財務面および事業面については外部専門家が実態調査を行い、財務DDおよび事業DDを提出している。

③ 衡平性
- ✓ 特別清算手続により債権放棄となる金額は、原則的には各取引金融機関の非保全残高シェアに応じた配分（非保全残高プロラタ）となっている。
- ✓ 一部の少額債権者の債権は、金融支援の対象とせず、全額新会社への承継となっているが、これら債権者は、取引行の関連会社である再生ファンドによる新会社への出資等の支援を別途行っており、全体としての衡平感に問題はないと思料される。

④ 経営責任等
- ✓ 過剰投資となった設備投資の実行者である会長は退任する。親族は業績悪化後に就任し経営改善に取り組んでいることから退任せず、新会社の代表となるが、金融機関が過半の株式を取得することでガバナンスを維持する。
- ✓ B社に残余財産はなく、特別清算手続において株式価値はゼロになることにより株主責任を履行する。

⑤ 実現可能性
- ✓ 新会社の社長となる親族は、計画策定期間中に経営改善策を実行に移し、一定の成果はあげている。これまで親族による経営改善策に難色を示していた会長の退任を前提とすれば、今後の収支改善は十分期待される。事業計画の売上げ見通しや経費水準などは保守的な観点で策定されており、実現可能性は認められる。
- ✓ ただし、会長は、退任後も親族に対し、自らの影響力を行使して経営改善策の実行を阻むことが懸念されたため、経営改善策の着実な実行のためには株主となった金融機関が「会長に対する盾」となる必要があった。

⑥ 経済合理性
- ✓ ［新会社引継借入金の合理性］

  会社分割により新会社に承継される借入金1,029百万円は、再生計画における10年間のフリーキャッシュフロー予想をベースに、割引率7％としたDCF法による事業価値に承継される現預金金額を加えて算出されたもの。

  計画は、相当程度今後の経営努力による収支改善を見込んだ内容となっており、本来であれば割引率は10％が相当と見込まれる。しかしながら、計画策定期間中に経営改善策による収益改善はある程度実現していることを勘案すれば、全体としては違和感のないものと判断される。

- ✓ ［法的整理との比較］

  今次再生計画に基づく回収見込額1,029百万円は、破産した場合の回収見込額488百万円を上回っている。

⑦ 政策性
- ✓ 観光地における地域一番館であり、破綻回避により地域の活力維持につながった。
- ✓ B社の事業再生により100名以上の雇用が維持される。

【再生計画の進捗状況】

✓ ［業況の推移］

・再生計画への全行同意後、会社分割前にB社は天災により被災、建物に大きなダメージを受けるとともに、地域の道路寸断やインバウンドの当該地域への旅行見合わせ等により大きな影響を被った。

・しかしながら、親族の積極的な営業努力によるインバウンドのすみやかな取込み等により、多少のスケジュールのズレはあったが、予定どおり会社分割を実行することができ、以後、業況は順調に推移している。

・なお、①業況が順調に推移していること、②事後のモニタリングにより、退任した会長（経営実権者）が影響力を行使する懸念はなくなったことから、現在金融機関が保有する過半の株式は、親族に譲渡する方向で調整中である。

✓ ［再生した主な要因］

・経営改善策への抵抗勢力である経営実権者（会長）からの権限移譲を完全に実施し、経営手腕を有する親族主導の経営体制を確立できたこと。

・天災により被災したが、①エージェント等からの協力による国内宿泊客の取込み、②グループ補助金による設備投資の前倒し実施など、ピンチを逆手にとって経営改善につなげることができたこと。

・計画全行同意後の被災であったことから、金融機関の足並みは崩れず、必要な計画変更にも円滑な同意が得られたこと。仮に再生への取組みが半年遅れており、計画策定中に被災していた場合には、当社の再生は困難となった可能性が高い。

【再生の効果】

・金融債務の削減と経営体制の確立により、業況は急速に回復し、前向きな設備投資を行う環境が整った。

・老舗旅館を存続させるとともに、地域の雇用と活力を維持することができ

た。

【計画策定・金融調整における主な論点】

✓ ［DES支援を行う必要性］
　○中小企業に対するDES支援は、イグジット時の難易度の高さ（＝キャピタルゲインが得られる可能性の低さ）から決して一般的な金融支援手法とはいえない。しかしながら、ガバナンスの維持策として、コベナンツだけでは不十分な場合、株式の取得は有効な方策となりうる。
　○一般的には、再生ファンドやスポンサーが出資する形態が主流と考えられるが、第三者からの出資が困難な場合は、一考に値すると思われる。本件については、経営実権者である会長の影響力の排除が最も重要と判断されたためDESを行ったもの。経営責任の当事者を排除しても親族・従業員が後継者となる場合、「旧経営陣による院政」を画策するケースもあり、単に退任させるだけでは十分でないこともある。
　○本件において、DESを行う必然性について金融機関間で相当の議論はあったが、結果からみれば、金融債権者によるガバナンス維持策としてのDESがうまく機能したケースといえよう。

3 ▶製造業　【第二会社方式（実質債権放棄）】
スポンサー出資とメザニン融資(注)の組合せで再生

(注) 法的整理時の劣後性を有し、金融検査マニュアル上「自己資本」とみなせる融資をいう。

企業の概要と計画前の状況

【業種】半導体製造装置製造業
【取引金融機関等】地方銀行、信用金庫、ほか
【再生計画前の状況】
・C社は、高い開発力を強みにオーダーメイドの半導体製造装置を製造しており、有力メーカーを得意先として有している。業種柄、もともと受注・売上高には大幅な変動はあったが、①協力工場をM＆Aにより買収するなかで借入金がふくらんだこと、②製品開発に注力するあまり不良在庫（試作品や製品に至らない仕掛品）が急増し、資金繰りを圧迫したことも加わり、一気に窮境に陥った。
・この間、経営者交代や事業所閉鎖と人員削減といったリストラも実施し、一定の成果は収めたが、多額の借入金返済のメドが立つには至らず、最終的にはメインバンクと相談し、自力再生は困難と判断し、公的再生支援機関に支援要請を行った。

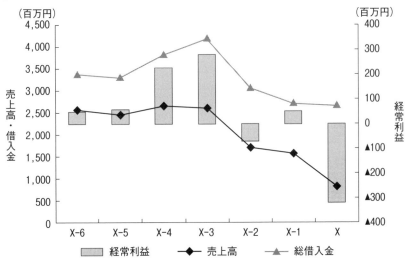

再生計画の内容

【再生スキーム】 第二会社方式（実質債権放棄）およびメザニン融資の導入

【スキームの概要】

① スポンサー出資により設立した新会社Q社に対し、会社分割で事業を承継。金融債務2,660百万円のうち957百万円を引き継ぎ、残る1,703百万円は特別清算手続のなかで実質的な債権放棄を受ける。

② 会社分割にあたっては、生産拠点を4拠点から2拠点に集約、あわせて15人の人員削減を行う。

③ 新会社Q社が承継する債務957百万円のうち、320百万円は資産売却により弁済。残る637百万円は収益を原資として15年間の分割弁済を行う。

④ 新会社Q社の資金繰り安定化のため、承継金融債務とは別に運転資金として、政府系金融機関（新規取引開始）から資本性ローン80百万円（貸付期間15年。約定弁済なしの期限一括弁済）の新規借入れを行う。

【スキーム図】

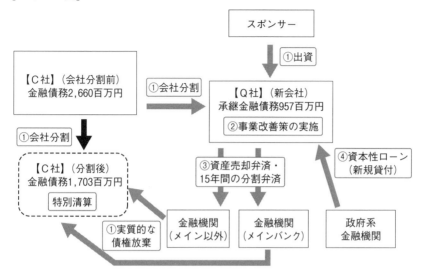

【金融支援の内容】

① 金融債務2,660百万円のうち957百万円を新会社に承継させ、残額1,703百万円は特別清算手続のなかで実質的な債権放棄を受ける。金融支援割合は非保全残高プロラタとする。新会社承継債務については、再生ファンドに債権譲渡するオプションあり。

② 新会社の承継債務957百万円のうち320百万円は資産売却により弁済。残る637百万円については収益を原資に15年間の分割弁済。

　なお、再生ファンドに譲渡された債権については、会社分割後、すみやかにメインバンクが計画に基づく条件（15年間の分割弁済）でリファイナンスを行う。

各金融機関の金融支援の内容
（単位：百万円）

	計画前借入残高(A)	保全金額(B)	非保全金額(C)		実質債権放棄額(D)		非保全カット率(D)／(C)	支援後残高(新会社承継)(A)-(D)-(E)	弁済期間
A行	1040.3	401.8	32%	638.5	32%	547.6	85.8%	492.7	15年
B行	560.5	4.6	28%	555.9	28%	476.8	85.8%	83.7	15年
C行	351.2	0.0	18%	351.2	18%	301.1	85.8%	50.1	15年
その他計	708.1	268.1	22%	440.0	22%	377.3	85.8%	330.8	15年
合計	2660.1	674.5	100%	1985.6	100%	1702.8	85.8%	957.3	15年

【経営責任等】

① C社の代表者は窮境原因に関与しておらず、手腕も認められたことから、スポンサーの意向により留任（ただし、役員報酬は引下げ）。スポンサー企業から役員を受け入れ、ガバナンスの維持を図る。経営責任の認められる前社長（会長）は、無報酬の相談役となる。

② C社の株主は、特別清算手続により株式価値がゼロとなる。承継会社となる新会社は、スポンサーの100％出資により設立する。

③ 連帯保証人は、C社に対する貸付金を放棄し、私財を開示したうえで保証免除を受ける。

【法的整理との比較】

① 今次再生計画による金融機関の回収見込額　957百万円
　　うち資産処分による回収見込額　　　320百万円
　　　分割弁済による回収見込額　　　637百万円

② 破産した場合の担保処分および破産配当による回収見込額　576百万円
　　うち別除権（特定価格）　　576百万円
　　　一般債権配当　　　　　なし
　　（予想破産配当率　　0％）

再生計画の検討

私的整理に関するガイドライン等による事業再生の考え方をふまえて、今

次再生計画のチェックポイントを検討する。
① 金融支援の必要性
- ✓ これまでの収支不調から多額の借入負担を抱えており、さらに、過当競争の業界環境のなかで引き続き需要は改善の見込みがないことから、現状のままでは経営破綻に至る可能性が高いと考えられる。

② 透明性
- ✓ 公的再生支援機関の関与のもとで再生計画を策定している。
- ✓ 財務面および事業面については、専門家が実態調査を行い、財務DDおよび事業DDを提出している。

③ 衡平性
- ✓ 特別清算申立てにより債権放棄となる金融支援額は、各金融機関一律非保全残高シェアに応じた負担（86％）となっている。
- ✓ 会社分割によりQ社に引き継がれる各金融機関の貸付金は、各金融機関一律15年間の分割弁済となっている（資本性ローンのみ15年後の期限一括弁済）。

④ 経営責任等
- ✓ 事業遂行上の必要性をふまえたスポンサーの意向により、C社社長は役員報酬引下げのうえ留任。窮境原因に責任のある前社長（会長）は無報酬の相談役となる。
- ✓ 保証人は、C社に対する貸付金は放棄する。さらに、私財を開示し、生活に最低限必要な資産以外には資産がないことを表明保証する。
- ✓ C社の株主は、特別清算手続により株式が無価値となる。

⑤ 実現可能性
- ✓ スポンサーからの資金支援により資金繰り面は改善の期待ができる。
- ✓ 受注面もスポンサー支援により増加が期待され、生産拠点の統合による経営効率化により利益面の改善も期待できる。

⑥ 経済合理性
- ✓ ［Q社が引き継ぐ借入金額の合理性］

- Q社が引き継ぐ借入金については、今後の予想フリーキャッシュフローをベースに割引率8.8％としてDCF法により計算して算出された637百万円に、引き継いだ売却対象資産の価値320百万円を加算した957百万円としている。

  DCF法により算出された企業価値部分については、事業計画に盛り込まれた施策に合理性は認められ、やや堅めではあるものの許容できる範囲である。

  一方、売却対象資産をC社に残存させず、Q社に対応する負債ともども承継させた点についてはイレギュラーな処理と思料される。これは二次ロス発生を嫌気する一部債権者（大口別除権者）からの主張を受け入れたものである（C社に残存させて売却した場合、実際の売却金額が計画を下回った場合、追加のロスが発生する）。ただし、計画上の評価もおおむねニュートラルであり、当該価格での売却可能性は高いとの判断から、本内容で全行同意を得ている。

- ✓ ［法的整理との比較］

  C社の今次再生計画による回収見込額957百万円は、破産した場合の回収見込額576百万円を上回っている。

⑦ 政策性

- ✓ 生産拠点の統合により一部の従業員は離職を余儀なくされたものの、120名いた従業員の9割は新会社Q社に雇用されており、地域の活性化に寄与することが期待できる。

【再生計画の進捗状況】

- ✓ ［業況の推移］

  現在、会社分割後2期目の決算は、売上高は計画比140％超、経常利益は計画の10倍超と大幅に超過達成している。すでに営業権を加味しなくても債務超過は解消している水準となっており、有利子負債CF倍率も10倍以内と順調な進捗を示している。ただし、新会社に引き継いだ売却予定物件の処分は進んでおらず、この点で課題は残っている。

- ✓ ［再生した主な要因］
    - ・最大の要因は、半導体市況の好転にあるが、①スポンサーからの出資および資本性ローンにより、資金繰りが安定し、事業面の改善に注力することができたこと、②スポンサーからの役員派遣により新体制となったことで、従業員側の意識も変わり、改善のモチベーションが向上したことも重要なファクターとなっている。
    - ・また、生産拠点を集約化したことで原価の削減、徹底的な冗費歳出の見直し、スポンサーの信用力を背景とした資材調達・外注費等の外部調達力の強化による収益改善効果もみられた。

【再生の効果】
- ・C社の従業員100名以上の雇用確保に加えて、C社の下請関連業者の雇用も確保され、地域活力維持に貢献できた。

【計画策定・金融調整における主な論点】
- ✓ ［メザニン融資導入に至った経緯・必要性］
    - ・本件については、メインバンクがスポンサーとの交渉を行ってきた。当初、メインバンクは、メザニン融資の導入を想定していなかったが、引継債務の弁済条件・新会社への運転資金支援に係るスポンサーからの条件が厳しく、両者の交渉決裂が懸念される状況となった。このため、公的再生支援機関が政府系金融機関からメザニン融資を受け、資金繰りを安定させるという提案を行ったところ、スポンサーがこれを受け入れ、計画策定にこぎつけたという経緯がある。
    - ・メザニン融資は、15年後の期限一括償還と既往債権よりもむしろ劣後するかたちであり、新規取引金融機関からの融資としては異例である。本件においては、政府系金融機関が①計画の実現可能性、②メインバンクの再生に係る熱意を評価したうえで、政策上の役割としてリスクテイクを行ったもので、抜本再生案件における政府系金融機関の活用事例として参考になろう。
- ✓ ［売却予定物件の取扱いについて］

・第二会社方式（実質債権放棄）を行う場合、売却予定物件（および当該物件で保全されている借入れ）は一般的には旧会社に残置するケースが大半である。これは実際の売却額が計画額から下振れしても収益弁済する借入金額が変動せず、再生可能性に影響を与えないためと考えられる。

（売却金額が下振れした場合の影響）

① 旧会社に売却物件および対応する債務を残置した場合

新会社の収益による返済負担	影響しない
債権者のロス額	増大（二次ロス発生）

② 新会社が売却物件および対応する債務を引き継いだ場合

新会社の収益による返済負担	増大する（債務者区分・再生可能性に影響あり）
債権者のロス額	影響しない

（売却金額が上振れした場合の影響）

③ 旧会社に売却物件および対応する債務を残置した場合

新会社の収益による返済負担	影響しない
債権者のロス額	減少する

④ 新会社が売却物件および対応する債務を引き継いだ場合

新会社の収益による返済負担	減少する
債権者のロス額	影響しない

・計画上の物件評価が妥当であるとの前提に立てば、抜本再生案件における担保物件の価格変動リスクは債権者が負う（旧会社に売却物件および対応する債務を残置する）取扱いが自然と考えられるが、債権者の意向によっては新会社が引き継ぐ場合もありうるとして本事例を紹介している。

4 ▶製造業　【DDS】
再生ファンドと連携して大幅業績不振先を再生

企業の概要と計画前の状況

【業種】精密機械部品製造業
【取引金融機関等】地方銀行、都市銀行、信用金庫、日本公庫、ほか
【再生計画前の状況】

- D社は、業歴の長い精密機械部品製造業者。高い技術力から受注先や金融機関からの評価も高く、手厚い支援を受けていたが、実態は、代表者の友人が経営する企業に対して連帯保証を行い、当該企業の倒産により保証履行を余儀なくされたことや従業員の横領を隠ぺいするための粉飾決算を40年以上にわたり続けてきた。ただし、取引金融機関によって異なる決算を提出していたことから、保証協会の指摘で粉飾が表面化した。
- 近年では新規獲得した大型案件の見積り失敗により、大幅の赤字計上を余儀なくされていたことから、実態としては大幅な債務超過に陥っていることも金融機関に発覚。新規借入れが困難となり、一気に苦境に陥ることとなった。
- 取引銀行のなかからは、D社の再生を疑問視する声も聞かれたが、メインバンクは、足元の受注状況は順調であり、資金繰り悪化の原因となった赤字受注もすでにストップしていることから、ガバナンスの強化が行われれば、事業再生の可能性が認められると判断し、D社を説得し、公的再生支援機関に対して支援要請を行った。

【業績推移】

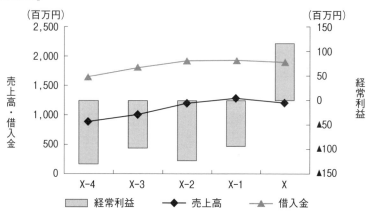

再生計画の内容

【再生スキーム】　DDS・再生ファンドによる出資・社債引受

【スキームの概要】

① 借入金1,899百万円のうち、893百万円を准資本型DDSに転換する。

② ガバナンス維持のため、再生ファンドが株式の51％を取得。当面必要な設備投資資金56百万円を社債引受で支援する。

③ DDSを除く借入金は、毎年の収益等による返済原資を借入金（DDSを除く）の残高シェアで配分した金額を各行に弁済する（残高プロラタ。弁済は10年ピッチ）。

④ 再生計画に強硬に反対していた少額債権者（金融機関）に対しては、他行が肩代わりし、一括弁済を行う。

⑤ 事業面では、次の収支改善に取り組む。

・コンプライアンス意識の醸成とガバナンス強化を図るべく、形骸化していた役員会を再生ファンド主導で復活し、ルール等を整備。

・少数の受注先への依存から脱却するため、海外メーカーとの取引拡大を図る。

・赤字受注排除のため、見積り積算のシステム化、部門別採算把握を行う。
・外注費や人件費を中心としてリストラを行う。

【スキーム図】

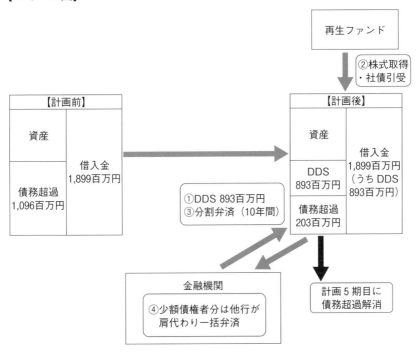

【金融支援の内容】
① 金融機関貸付金1,899百万円のうち893百万円を准資本型DDSに転換する。

　各金融機関のDDS金額は、残高上位行、残高中位行、残高下位行の3グループに分け、残高上位行は残高中位行・残高下位行を上回る支援率でDDSを行う。残高下位行が負担すべき金融支援割付分はメインバンクが上乗せ負担し、残高下位行はDDSを負担しない。
② 残高下位行からの借入金は、サブ行が新規融資により肩代わりし、一括

弁済を行う。
③ DDSを除く残債権（下位行肩代わりのためのサブ行の新規借入れを含む）は、予想キャッシュフローに基づく返済原資を残高プロラタで配分した金額を各金融機関に弁済する（返済は10年ピッチ）。

各金融機関の金融支援の内容

（単位：百万円）

	計画前借入残高 (A)	保全金額 (B)	非保全金額 (C)		DDS金額 (D)		非保全支援率 (D)／(C)	DDSを除く借入金 (A)－(D)	弁済期間
A行	579.0	97.0	31%	482.0	41%	363.1	75.3%	215.9	10年
B行	251.3	49.8	13%	201.5	15%	138.2	68.6%	113.1	10年
C行	262.7	11.0	16%	251.7	14%	123.4	49.0%	139.3	10年
その他計	805.8	197.4	40%	608.4	30%	268.5	44.1%	537.3	10年
合計	1898.8	355.2	100%	1543.6	100%	893.2	57.9%	1005.6	10年

（注）「各金融機関の金融支援の内容」は、①～③調整後の最終結果を記載。

【経営責任等】
① D社の粉飾決算は、現社長就任前から行われていたこと、ほかに経営を担う適当な人材がいないことから現社長は役員報酬を減額のうえ留任。ただし、経理責任者である社長親族は退任。社長一族が有する事業用資産はD社に無償譲渡。社長一族からD社に対する貸付金は返済を求めず劣後化。
② 社長一族が保有する株式の51％を再生ファンドに対し、備忘価格で譲渡。

【法的整理との比較】
① 今次再生計画による金融機関の回収見込額　1,006百万円（DDS部分を除く）

　　　うち担保処分による回収見込額　　　　見込まず
　　　残債権分割弁済による回収見込額　1,006百万円（DDS部分を除く）
② 破産した場合の担保処分および清算配当による回収見込額　192百万円
　　　うち別除権（特定価格）　　　192百万円
　　　一般債権配当　　　　　　　　見込めず

（予想破産配当率　　0％）

再生計画の検討

　私的整理に関するガイドライン等による事業再生の考え方をふまえて、今次再生計画のチェックポイントを検討する。

① 金融支援の必要性
- ✓ 粉飾発覚によって、金融機関借入れが困難となり、過大な借入金を抱えるなか、資金繰りは危機的状況にあり、現状のままでは経営破綻に至る可能性が高い。

② 透明性
- ✓ 公的再生支援機関の関与のもとで再生計画を策定している。
- ✓ 財務面および事業面については、専門家が実態調査を行い、財務DDおよび事業DDを提出している。

③ 衡平性
- ✓ 取引金融機関のDDS実施金額（非保全残高に対する支援率）は一律ではなく、大口債権者ほど金融支援負担が重い内容となっている。しかしながら、残高下位行は粉飾発覚当初から金融支援には応じないという意向を表明しており、計画合意のためには必要不可欠であったこと、破綻回避・債務者区分維持のメリットは大口債権者にとってより大きいことを勘案すればやむをえないと判断される。
- ✓ DDSを除く借入金の弁済は、DDSを除く借入金残高シェアに応じた配分（残高プロラタ）となっている。

④ 経営責任等
- ✓ 粉飾決算は40年来のものであるが、現社長に責任なしとはいえず、本来であれば経営者交代が望ましい事案であるが、ほかに適任者が見当たらないため、留任となったもの。再生ファンドによるガバナンスが行われることや私財提供・役員報酬減額等の経営者交代以外の措置は講じられていることも勘案すれば、やむをえないと評価される。

- ✓ 株式の過半は、備忘価格で再生ファンドに譲渡される。
- ⑤ 実現可能性
  - ✓ 今次再生計画の経営改善策は、外部コンサルタントの支援のもと、再生ファンドも関与して作成されたもので、社外取締役・監査役がガバナンスの維持を図り、経営改善策の実行を支援および管理していく予定である。
- ⑥ 経済合理性
  - ✓ ［DDS実施による債務者区分ランクアップの検討］
    - ・経常利益は、計画1期目から黒字化の見込み。
    - ・実態自己資本金額は、計画前▲1,096百万円であったが、893百万円のDDS支援および計画期間の経営改善により、計画5期目には債務超過を解消（DDSを自己資本に勘案後）する見込み。
    - ・債務超過解消時点である計画5期目の借入金のキャッシュフロー倍率（債務償還年数。運転資金勘案後）は、3.0倍となる。
    - ・以上から、今次計画は、「実抜計画の数値基準」である計画3期目までに経常黒字化、計画5期目までに債務超過解消、債務超過解消時点のキャッシュフロー倍率10倍以内を満たしており、再生計画策定によるランクアップを検討することが可能と考えられる。
  - ✓ ［法的整理との比較］
    - 今次再生計画による回収見込額はDDS部分を除いても1,006百万円であり、破産した場合の回収見込額192百万円を上回る。
- ⑦ 政策性
  - ✓ D社従業員の雇用維持が図られるとともに、D社事業継続により地域活力の維持・活性化への寄与が期待できる。

再生計画の進捗状況

【再生計画の進捗状況】
- 一部人員のリストラを行う一方、見積り精度の向上や部門別採算の把握により収支改善を図る再生計画となっていたが、計画内容に従業員がついていけず、社内に混乱が生じ、不良品や納期遅延が数多く発生、赤字が継続する結果となった。
- D社は業種柄継続的な設備投資が必要であるが、収支改善が進まず、借入調達は困難となり取引先からの失注も懸念される状況となったことから、自力再生を断念。スポンサーに対し、事業を譲渡するかたちでの再生（第二会社方式・実質債権放棄）を指向することとなった。
- D社の技術力を評価するスポンサーが複数社現れ、当初計画の合意から3年後に第二会社方式（実質債権放棄）に基づく計画合意に至り、スポンサーへの事業譲渡代金を原資に約240百万円を一括弁済し、残額については特別清算手続のなかで実質的な債権放棄を受けることとなった。
- なお、当初計画では留任となっていた社長は退任し、経営者保証ガイドラインに基づく保証免除を受けている。

【計画策定・金融調整における主な論点・金融支援手法に係る妥当性について】
- 結果として、DDS支援による自力再生は失敗しており、最終的にはスポンサーへの事業譲渡を柱とする再生計画（第二会社方式・実質債権放棄）に移行している。

  （第二会社方式による総回収額　240百万円　非保全配当率5％）
- D社は40年以上粉飾決算を行ってきたことに象徴されるように、社内のガバナンス・管理体制は破綻しており、当初から自力再生は困難であったという意見も想定される。
- しかしながら、①少額債権者が長年の粉飾決算等を理由に強硬な反対意見を示しており、債権放棄を含む案を提示した場合、さらなる抵抗が予想されたこと、②当時、突然の粉飾決算発覚により資金繰りは一気に繁忙化し

ており、スポンサー探しを行う時間的な余裕がなかったこと、③当初計画策定時に緊急に設備投資を行う必要性があったが、メインバンクは債権放棄を行いながら新規融資を行うことは、行内の取りまとめが困難との意向を示していたことを勘案すれば、仮に当初計画策定時に第二会社方式（実質債権放棄）での再生計画を提示したとしても全行合意を取り付けることは困難であったと判断される。

・時間的に余裕があり、債権者が少数かつ協力的である場合は、教科書的な正解を指向すべきであるが、実務的には取引金融機関のスタンスによっては、妥協案を選択させるをえない場合もありうる。本件においては、取引金融機関が8行あるうえに業態も都市銀行・地方銀行（県外行もあり）・信用金庫・政府系金融機関とさまざまで、抜本再生に対するスタンスも統一されていなかった。加えて、粉飾発覚のタイミングは一部行が新規融資を行った直後であり、全行同意を得るという観点では悪条件がそろっていた。

・以上を勘案すれば、結果的に二次破綻となったことはきわめて遺憾であるものの、当時いったんDDSを行うという判断はやむをえなかったのではないかと筆者は解釈している。

・ただし、当初計画では、スポンサーを代替するものとして、再生ファンドの出資（＋社債引受）により、ガバナンス維持・経営改善を図るものとしていた。しかしながら、窮境原因となった見積り精度の向上等の課題は、単なる管理不足ではなく、技術面とも密接な関係がある課題であったことが後日判明しており、再生ファンドによるガバナンス維持に過剰な期待を抱きすぎていた点は反省点である。

・なお、本事例においても事例1と同様、第二会社方式（実質債権放棄）への移行（計画再策定）にあたっては、DDS債権を非保全残高に対する配当の対象にはしないという扱いを行っている。事例1と異なり、負担割合に差はあるものの、ほぼ全行でDDS支援を行った経緯があったことから、あまり重要な論点とはならなかった。本件は、準資本型DDS案件であるが、早期経営改善特例型DDS案件の劣後性については事例10で後述する。

5 ▶製造業　【不等価譲渡】

再生ファンドへの債権譲渡と新規融資を組み合わせた再生

企業の概要と計画前の状況

【業種】食品製造業

【取引金融機関等】地方銀行、信用金庫、日本公庫、ほか

【再生計画前の状況】

・E社は、過去の多角化失敗により過大な債務を負っていた。加えて、東日本大震災による直接被害（建物・設備・在庫の損壊・流出）・間接被害（退職者への退職金支払、休業による赤字）により、破綻の危機に瀕することとなった。

・被災後、なんとか事業を再開したが、材料費の高騰や不良品の発生により業況は改善せず、公的再生支援機関および再生ファンドへ支援要請を行うこととなった。

【業績推移】

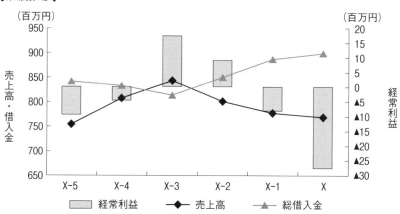

再生計画の内容

【再生スキーム】 債権譲渡および新規融資

【再生スキームの概要】

① 震災前の借入金669百万円のうち担保非保全部分409百万円を再生ファンドに38百万円で債権譲渡。再生ファンドは409百万円のうち304百万円を債権放棄し、残る105百万円全額を準資本型DDSにより劣後化する。

② 譲渡対象外の震災前の借入金260百万円は15年ピッチでの分割弁済とする。震災後の借入金20百万円は優先扱いとし、5年間の分割弁済とする。

③ 設備投資資金220百万円および運転資金26百万円を新規調達する。うち172百万円は補助金受領までのつなぎ資金であり、補助金受領時に弁済。残額は15年間で弁済。

④ 最大の窮境原因は震災による被災であったため、経営陣は退陣せず続投。株主にも減資は求めず継続。ただし、再生ファンドの管理下でガバナンスを維持する。また、経営者一族からの借入金は債務免除を受ける。

⑤ 過去の多角化失敗で休眠状態となっていた子会社は清算する。

⑥ 知人・取引先からの借入金40百万円は、DDSにより劣後化し、計画期間中は弁済しない。

【スキーム図】

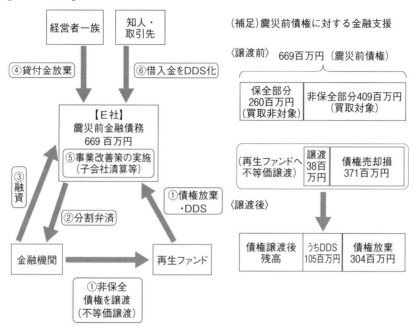

【金融支援の内容】

①　取引金融機関は、貸付金のうち担保による非保全部分409百万円を38百万円で債権譲渡する（債権売却損371百万円）。再生ファンドは譲渡された409百万円のうち304百万円を債権放棄し、残る105百万円全額を準資本型DDSにより劣後化する。

②　譲渡対象外の震災前の借入金260百万円は15年ピッチでの分割弁済とする。震災後の借入金20百万円は5年間の分割弁済とする。

③　設備投資資金220百万円および運転資金26百万円を新規調達する。補助金受領までのつなぎ資金172百万円はメインバンクが融資し、残額は準メイン、日本公庫の協調融資とする。

各金融機関の金融支援の内容

(単位:百万円)

	震災前借入残高(A)	保全金額(B)	非保全金額(C)	再生ファンド買取価格(D)	債権売却損(E)	非保全カット率(E)/(C)	新規融資(F)	ファンド残高(金融支援後)(G)	支援後残高(A)−(C)+(F)+(G)
A行	280.1	65.4	52%	214.7	19.9	52%	194.8	90.7%	0.0		65.4
B行	138.7	82.6	14%	56.1	5.2	14%	50.9	90.7%	32.0		114.6
その他計	249.9	112.0	34%	137.9	12.8	34%	125.1	90.7%	40.0		152.0
再生ファンド										104.7	104.7
合計	668.7	260.0	100%	408.7	37.9	100%	370.8	90.7%	72.0	104.7	436.7

(注)「各金融機関の金融支援の内容」は、震災後借入金を控除し、つなぎ資金以外の新規融資を加算して記載。

【経営責任等】

・窮境原因は震災による被災であったため、経営陣の退任・株式の譲渡は行わない。ただし、経営者一族からのE社への貸付金は放棄させる。また、将来の経営者交代を見据え、社長長男をファンド監督のもと、経営者として育成する。

【法的整理との比較】

① 今次再生計画による金融機関の回収見込額　298百万円（今次新規融資72百万円を除く）

　　うち不等価譲渡による回収見込額　　　38百万円（震災前債権の非保全部分）

　　分割弁済による回収見込額　　　260百万円（今次新規融資72百万円除く）

② 破産した場合の担保処分および清算配当による回収見込額　160百万円

　　うち別除権（特定価格）　　160百万円

　　　一般債権配当　　　　見込めず

　　（予想破産配当率　　0％）

再生計画の検討

　私的整理に関するガイドライン等による事業再生の考え方をふまえて、今次再生計画のチェックポイントを検討する。

① 金融支援の必要性
- ✓ 被災により320百万円超の被害を受け、収支悪化傾向が続くなかで、344百万円の債務超過状態であり、自力での債務超過解消・事業再生は困難である。

② 透明性
- ✓ 公的再生支援機関の関与のもとで再生計画を策定している。
- ✓ 財務面および事業面については、専門家が実態調査を行い、財務DDおよび事業DDを提出している。

③ 衡平性
- ✓ 借入金を震災前のものと震災後のものの2グループに分け、金融支援の負担は震災前債権が負担するかたちとなっており、震災後の融資は全額保護されるかたちとなっている。震災後借入れは事実上DIPファイナンス的な性質を有することを勘案すれば、衡平感を失するとはいえず、妥当な取扱いといえよう。震災前の借入金のなかでの金融支援の割付けは非保全残高プロラタとなっており、衡平性は認められる。

④ 経営責任等
- ✓ 経営者責任：過去の多角化の失敗等の窮境原因の一部に責任がないとはいえないが、主たる窮境原因が被災であったこと、後継者に直ちにバトンタッチできる状況ではなかったことから留任を許容している。震災案件は、窮境要因の多くについて経営陣の帰責性の認められる一部案件を除き、経営者の留任を認める事例が多く、本事例もその運用に倣ったもの。ただし、役員報酬減額・貸付金の放棄等の実行可能な施策は盛り込まれており、妥当性は認められよう。
- ✓ 株主責任：経営責任と同じく震災という外的要因が窮境原因であるた

め、減資等の株主責任は求めていないが、被災者であることを勘案すればやむをえないと判断される。

⑤ 実現可能性

本計画に盛り込まれた施策は次のとおり。
- ✓ 新製品の開発と新規取引先の開拓。新規先開拓にあたっては、金融機関が取引先の紹介を通じてサポートを行う。
- ✓ 設備投資によって、復旧にあわせて工場レイアウトの改善を行い、効率化による原価低減を図る。
- ✓ 幹部会議を新設し、意思決定の合理化、方針の徹底を図る。

これらの実施による改善効果は、実現可能性の高いものと考えられる。

⑥ 経済合理性
- ✓ ［債権譲渡価額の妥当性］

　再生ファンドに譲渡された409百万円のうち304百万円は債権放棄され、残額105百万円は全額DDSにより劣後化される（14年後一括弁済。金利0.4％）。DDS債権を期限に一括弁済することは困難と想定されるため、収益により期限後5年間で分割弁済されると想定し、全金融機関の元利金を割引率10％で割り戻すと24百万円となり、今回の債権譲渡金額38百万円は妥当と判断される。

- ✓ ［法的整理との比較］

　今次再生計画による回収見込額は298百万円で、破産した場合の回収見込額160百万円を上回っている。

⑦ 政策性
- ✓ 被災地において80名超の雇用が維持されたほか、取引関係の維持により、連鎖倒産の危機も回避され、地域経済の活力維持につながったことからも今次再生計画の意義は認められる。

【再生計画の進捗状況】
- ✓ ［業況の推移］

- ・計画1期目は、新製品の売上増加が奏功し、増収となった。原材料費比率の低減によって利益率も改善している。
- ・以上の効果から、計画1期目のCFは前期の大幅赤字から黒字転換し、ほぼ目標どおりの業況推移となっている。

✓ ［再生した主な要因］
- ・工場の復旧にあわせ、レイアウトの見直し・改善を行ったことで衛生面が改善し、受注増につながったほか、生産効率の改善によって各種原価低減効果があり、利益面は改善したこと。
- ・後継者候補として育成している社長長男が中心となって新製品の開発に着手し、製品ラインアップの充実につながった。加えて、金融機関が取引先の紹介を行ったこと。

【再生の効果】
- ・被災地において80名以上の雇用を維持することができた。
- ・E社の取引先・外注先の維持を図ることができた。

【被災案件における論点】
- ・東日本大震災以降、天災により被災した案件の抜本再生が多く扱われる傾向にある。被災地域のすみやかな復興のためには、地域金融機関にとっても重要な課題である。
- ・かかる再生案件においては、「主たる窮境原因は天災である」との理由から、経営者の退任・私財提供を求めないという運用が、以後の天災がらみの再生案件においても一般化しつつある。
- ・しかしながら、現実の天災がらみの再生案件においては、被災前の状況においてもある程度の窮境にあった会社も少なくないと思われる。特に、もともと経営陣の能力に疑問がもたれるような案件においては、被災者であったとしても（ある程度の）経営責任・保証責任履行を求めていくことが必要と考えられる。

6 ▶製造業　【第二会社方式（実質債権放棄）・DES】

新会社の資本金維持とガバナンス維持のためDESを活用して再生

企業の概要と計画前の状況

【業種】酒類製造業

【取引金融機関等】地方銀行、日本公庫、ほか

【再生計画前の状況】

・F社は県内有数の老舗酒造メーカー。清酒需要の伸び悩みから焼酎・リキュール類の製造にも進出したが、ずさんな商品管理・原価管理により大量の不良在庫や赤字商品を抱えることとなった。取引金融機関はかかる状況下でもなんとか新規融資による支援を継続してきたが、人件費高騰によるさらなる収支悪化を契機にメインバンクが支援方針を転換し、F社・メインバンク協議のうえ、公的再生支援機関に支援要請を行った。

・再生計画検討の結果、第二会社方式（実質債権放棄）を指向することとなったが、①取引先等関係者から承継会社の資本金を元のF社と同額以上にしてほしいと要請があったものの、資金調達のメドがつかないこと、②新会社の代表者は、現社長親族以外に適任者がおらず、退任する現社長の影響力排除の観点からガバナンス維持策が必要との課題が生じた。

・関係者からの要請には、はっきりした法的拘束力はないとのことであったが、対外信用の維持やガバナンス維持もあわせて課題となっていたことから、単なる債権放棄では支援として不十分と公的再生支援機関・メインバンクが判断し、DESを盛り込む方向で計画策定を行うこととなった。

【業績推移】

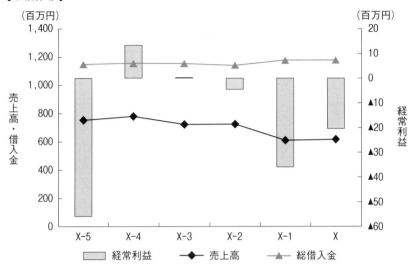

再生計画の内容

【再生スキーム】 第二会社方式（実質債権放棄）・DES
【スキームの概要】
① F社が会社分割の受け皿となる子会社T社（承継会社）を設立する。
② 会社分割によりT社にF社事業を承継させる。また、T社は、F社金融債務1,172百万円のうち、637百万円を免責的債務引受する。
③ T社が引き受けた637百万円のうち18百万円をDESにより株式に転換する。これにより新会社の代表者が出資した資本金とあわせ、T社はF社と同額の資本金を維持する。
④ F社の代表者は退任。私財提供のうえ、「経営者保証ガイドライン」に基づき保証債務を整理。F社の株式は、特別清算手続により無価値化。
⑤ F社に残る金融債務536百万円は、特別清算手続のなかで実質的な債権放棄を受ける。

⑥ T社が承継（免責的債務引受）する借入金（DESは除く）は、15年間の分割返済とする。
⑦ 事業面では、不採算商品を廃番としてアイテムを絞り込み、利益率の改善を図る。また、アイテムの絞込みにより製造・販売の効率化を図り、配置転換・リストラ・残業抑制による人件費節減を図る。
⑧ 事業に直接関係ない遊休不動産はF社に残し、すべて売却する。

【スキーム図】

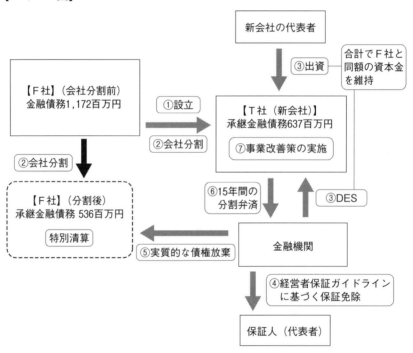

【金融支援の内容】

① F社事業を会社分割によりT社に譲渡し、金融債務1,172百万円のうち637百万円をT社が免責的債務引受することに同意する。

② T社が免責的債務引受した借入金637百万円のうち18百万円をDESにより株式に転換する。株式は無議決権の優先株とするが、債権者の判断により適宜、普通株式に転換できる請求権をもつ。これにより新会社の資本金は旧会社と同額となり、関係先との関係・対外信用の維持を図る。

③ 会社分割後、F社が特別清算を申し立てることに同意する。その結果、F社に残る金融債務536百万円は、特別清算手続のなかで実質的な債権放棄を受けることになる。各金融機関の債権放棄金額は、一律非保全残高の60％とする。

各金融機関の金融支援の内容 （単位：百万円）

	計画前借入残高 (A)	保全金額 (B)	非保全金額 (C)		実質債権放棄額 (D)		非保全カット率 (D)/(C)	DES実施額 (E)	支援後シニア債権残高 (A)-(D)-(E)	弁済期間
A行	711.4	106.6	66%	604.8	68%	362.9	60.0%	8.8	339.7	15年
B行	119.0	40.4	9%	78.6	7%	39.0	49.6%	8.8	71.2	15年
C行	275.8	105.6	19%	170.2	19%	100.1	58.8%	0.0	175.7	15年
その他計	66.1	8.9	6%	57.2	6%	33.7	58.9%	0.0	32.4	15年
合計	1172.3	261.5	100%	910.8	100%	535.7	58.8%	17.6	619.0	15年

【経営責任等】

① 現社長は退任する。同人のF社に対する貸付金は放棄する（ほかに売却可能な資産なし）。現営業部長（社長の親族）が社長に就任する。

② F社株式は、特別清算手続により無価値となる。T社株主にはF社株主は入れずに、新代表者44％、従業員持株会6％、DES株50％とする。T社は関係先からF社と同額の資本金維持を求められていたが、DES株によりF社と同額の資本金を維持する。

【法的整理との比較】
① 今次再生計画による金融機関の回収見込額　619百万円
　　　うち担保処分による回収見込額　　　36百万円
　　　　　分割弁済による回収見込額　　　583百万円
※DES株式については、最終的にはT社または経営陣による買取りを想定しているが、ここでは株式売却による回収は見込んでいない。
② 破産した場合の担保処分および清算配当による回収見込額　232百万円
　　　うち別除権（特定価格）　　160百万円
　　　　　一般債権配当　　　　　　72百万円

再生計画の検討

　私的整理に関するガイドライン等による事業再生の考え方をふまえて、今次再生計画のチェックポイントを検討する。
① 金融支援の必要性
　✓ 財務DDによればほぼ年商並みとなる560百万円の債務超過であり、かつ売上高の2倍を超える借入金の返済メドが立たない状況であることから、自力での事業再生は困難と考えられる。
② 透明性
　✓ 公的再生支援機関の関与のもとで再生計画を策定している。
　✓ 財務面および事業面については、専門家が実態調査を行い、財務DDおよび事業DDを提出している。
③ 衡平性
　✓ F社の特別清算手続において実質的に債権放棄となる金融支援額は、各金融機関一律非保全残高の60％となっている。
　✓ F社が引き継ぐ借入金は、全取引金融機関一律で15年間の分割弁済となっている。
④ 経営責任等
　✓ 社長は退任し、貸付金・退職金も放棄している。

- ✓ F社株式は、特別清算手続により無価値となる。
⑤ 実現可能性
- ✓ 計画策定を指導したコンサルタントと株主となった金融機関の指導のもと、採算管理の強化により、利益率の改善が期待できる。
⑥ 経済合理性
- ✓ ［事業価値と引継借入金の合理性］

  T社の計画後5年間の予想フリーキャッシュフロー（FCF）をもとに、割引率10％、ターミナルバリュー（TV）280百万円として、DCF法により事業価値を算定すると536百万円となり、T社が引き継ぐ債務619百万円は計算上やや過大という結論となる。この差額は、割引率に係る計画策定者と日本公庫の見解の相違によるものであるが、おおむね許容できる範囲と判断される。
- ✓ ［法的整理との比較］

  今次再生計画による回収見込額619百万円は、破産した場合の回収見込額232百万円を上回っている。
⑦ 政策性
- ✓ 県内上位の酒造メーカーで、過疎地域において40名超の雇用維持効果が見込まれ、F社再生の政策的意義は認められる。

【再生計画の進捗状況】
- ✓ ［業況の推移］

	計画前 （X期）	直近実績 （計画2期目）
売上高	－	増加
経常利益	▲赤字	黒字
債務償還年数 （借入金÷償却前経常利益）	算出不能	8年
実態自己資本	▲債務超過	資産超過

　計画前は、赤字かつ大幅な債務超過であったが、再生計画策定後、新体制で経営改善に取り組んだ結果、計画2期目（直近期）には経常利益が黒字と

なり、債務償還年数が8年になるなど順調に改善が進んでいる。
✓ ［再生した主な要因］
・営業の重点を特定商品に絞り込んだ結果、売上高の大幅増加につながった。
・アイテム数の大幅な絞込みにより、採算面が大きく改善、生産効率も大きく上昇し、コストの大幅な削減が実現できた。
・DES株主への説明責任を意識した経営判断を行うようになり、管理レベルが大きく向上した。

【計画検討上の論点：取引先との関係維持とDESの導入について】
・第二会社方式を活用する場合、事業主体の法人格が変更となることから、取引先の理解が得られ、信用不安を惹起しないことが必須条件となる。近時、信用情報等で報じられる特別清算案件の大半が第二会社方式によるものとなり、受注先や仕入先にとって第二会社方式がマイナスではなく、むしろプラスであることが金融機関以外にも浸透しつつある。しかしながら、債権者も協力して説得しても、なお、一般取引先の理解を得るために苦心するケースもある。
・本事例についても、最終的にはなんとか関係者の理解を得ることはできたものの、旧F社の資本金と同額をT社が確保することが取引継続の条件となったことから、一部債権者がDESによる資本金補てんを行ったものである。
・説得によって取引先の理解を得ることが理想ではあるものの、私的整理の匿名性を損なわないためにはすべての事情を開示できるとは限らず、第二会社方式における信用補完・取引先対策の一例として本事例を紹介したものである。

7 ▶製造業　【DDS・新規融資】

大口債権者の単独DDSにより他金融機関の積極支援を引き出し再生

企業の概要と計画前の状況

【業種】金属製品製造業

【取引金融機関等】信用金庫、日本公庫、地方銀行、ほか

【再生計画前の状況】

- G社は、水回り関係の金属製品製造業者。①20年前に需要拡大を見込んで新工場を建設したが、見込みが外れ稼働率が低迷したこと、②新工場建設を契機に多角化を目論んだが技術面の壁により乗軌化しなかったことから、多額の損失を余儀なくされた。多角化事業からの撤退と新規取引先の開拓（加工受注）により赤字は解消したものの、大幅な債務超過に陥った。
- 非保全残高シェア最大である日本公庫は条件変更している一方、他の金融機関は運転資金の折り返し融資に応じてきた。G社からは、各債権者とも老朽化と今後の事業展開に対応するための設備資金融資について、度重なる要請を受けていたが、多額の債務超過がネックとなり、取引各行とも対応困難としていた。
- かかる状況に対応するため、日本公庫から、G社および取引金融機関に対して、公的再生支援機関関与のもとでの抜本策を含む再生計画策定を提案し、G社からは一定の理解は得られた。しかしながら、正常返済を行っている他の金融機関から、①現状、設備資金への対応等の大幅な与信拡大には否定的ではあるものの、一定の債務者区分は維持しており、公的再生支援機関の関与によりリスケ債権となれば、むしろ債務者区分の低下・引当増加が懸念されること、②仮に債務超過解消のためDDSの要請を受けることとなれば、金利収入面でも大きなデメリットが予想されるとの理由か

ら協力できないとの回答を受け、公的再生支援機関への持込みは断念せざるをえなかった。
・一方で、債務超過の解消・計画期間中の返済負担軽減が図られるならば融資検討可能とサブ銀行が表明したことから、全行協議のうえ、公的再生支援機関の関与なしで再生計画を策定することとなった。

【業績推移】

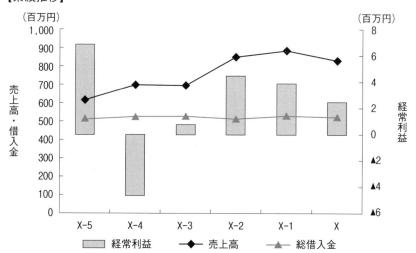

再生計画の内容

【再生スキーム】　DDS、新規融資
【スキームの概要】
① 債務超過解消のため、借入シェア51％を有する日本公庫が単独でDDSによる支援を実施する。
② 老朽化に対応するための設備更新投資を実施するとともに新規投資もあわせて実施し、現在、売上げが伸長している加工受注にさらに注力する。設備投資の資金はサブ銀行からの新規借入れにより調達する。
③ 日本公庫以外の金融機関は、折り返し融資またはリスケで計画各年度の

期末借入残高維持に協力する（日本公庫以外の取引各行は、正常弁済＋折り返し融資による支援を選択）。
④ 失敗した設備投資を主導した会長は退任。これまで経営改善に注力してきた社長は留任するが、役員報酬は最低限度とする。
⑤ 役員からの借入れは、シニア債権・DDS債権を含めて最劣後の弁済とする（債務免除益課税の問題から債務免除は受けない）。

【スキーム図】

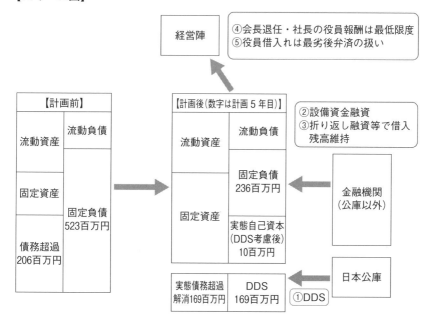

【金融支援の内容】
① 借入総額523百万円のうち169百万円のDDSを行う（日本公庫が単独実施）。
② サブ銀行は、設備投資対応の新規融資40百万円（期間10年間）を実施。
③ DDS・新規融資以外の借入れ354百万円は実質15年ペースでの分割弁済とする（リスケによるか正常返済＋折り返し融資とするかは各行による選択）。

各金融機関の金融支援の内容
(単位：百万円)

	計画前借入残高 (A)	保全金額 (B)	非保全金額 (C)	DDS金額 (D)		非保全支援率 (D)／(C)	DDSを除く借入金 (A)－(D)
日本公庫	264.8	71.4	61%	193.4	100%	168.8	87.3%	96.0
その他計	258.2	134.8	39%	123.4	(融資継続により借入残高維持)		258.2
合計	523.0	206.2	100%	316.8	100%	168.8	53.3%	354.2

(注)　「各金融機関の金融支援の内容」は、新規融資分は織り込まずに記載。

【経営責任等】
① 窮境原因となった設備投資・事業多角化に責任のあった前社長はすでに退任ずみ。同人からの借入れについては、金融機関借入・DDS債権よりもさらに劣後するかたちで条件変更契約を締結。
② 役員報酬は、引き続き低水準に抑制。
③ 金融支援がDDSであり、債権放棄等の金融機関のロスが確定する内容ではないことから、私財提供等の保証責任の履行は求めない。

【法的整理との比較】（金融機関の計画前貸付金523百万円について）
① 今次再生計画による金融機関の回収見込額　354百万円（DDS部分を除く）
　　　うち担保処分による回収見込額　　　　見込まず
　　　分割弁済による回収見込額　　　　　　354百万円
② 破産した場合の担保処分および清算配当による回収見込額　72百万円
　　　うち別除権（特定価格）　　　48百万円
　　　　一般債権配当　　　　　　　24百万円

※再生計画は、経常利益黒字化1期目、債務超過解消5期目、計画10期目での債務償還年数8.8年と数値基準を満たす内容である。

再生計画の検討

　私的整理に関するガイドライン等による事業再生の考え方をふまえて、今次再生計画のチェックポイントを検討する。

① 金融支援の必要性
- ✓ 足元の収支は黒字化しており、取引各行も折り返し融資を行っていることから、直ちに破綻するような状況ではない。しかしながら、設備老朽化が目立ち、新規獲得した加工受注にも対応しきれないなど、設備投資に向けた借入れが実施できなければ遠からず赤字転落し、中長期的には全行リスケジュール→経営破綻に至る公算が高い。

② 透明性
- ✓ 公的再生支援機関の関与はないものの、財務面および事業面については、公的再生支援機関関与の案件において豊富な経験を有する専門家が実態調査を行い、財務DDおよび事業DDを提出しており、一定の透明性は認められる。

③ 衡平性
- ✓ DDSによる金融支援は日本公庫が単独で実施しており、一見衡平感には問題があるようにみえる。しかしながら、①計画策定のためにはDDSと新規融資をセットで行う必要性があるが、各行がDDSと新規融資の検討を同時に行うことはハードルが高く、役割分担するほうが迅速な意思決定が図られる見通しであったこと、②日本公庫の借入シェアは51％であるが、非保全シェアは61％と高く、全行に金融支援を割り付けても日本公庫の負担が極端に減少するわけではないことを勘案すれば、衡平性の観点でもやむをえないと判断し、支援に踏み切った経緯がある。
- ✓ このように役割分担型の支援を提示した結果、迅速な全行同意を取り付けることが可能となった。

④ 経営責任等
- ✓ 窮境原因をつくった会長は退任し、退職金は放棄。社長は留任するが計画期間中は役員報酬は最低限の水準を維持する。
- ✓ 役員からの借入金は返済せずシニア債権・DDS債権を含めて最劣後の弁済とする（債務免除益課税の問題から債務免除は受けない）。

⑤ 実現可能性
- ✓ 計画は実績をベースとして今回の設備投資の効果を織り込んだ保守的な内容であり、実現可能性は認められる。
- ✓ 計画策定をサポートした専門家は、公的再生支援機関関与の案件等において実働支援の面で高い評価を受けており、実現可能性向上の役割が期待されている。

⑥ 経済合理性
- ✓ ［法的整理との比較］
   今次再生計画による回収見込額354百万円は、破産した場合の回収見込額72百万円を上回っている。

⑦ 政策性
- ✓ 20年前に移転した工場は過疎地域にあり、16名の雇用創出は地域では貴重な存在。加えて、下請取引もあり、G社は存続することで地域活性化に貢献できる。

【再生計画の進捗状況】

✓ ［業況の推移］
   金融支援を受け、債務超過解消のメドが立ったことにより、取引各行が積極支援姿勢をとることとなり、必要な設備投資が実施できることとなった。結果として、内製化による外注費の削減や修繕費の削減効果により、収益は改善し、計画2期目の償却前経常利益は計画の110％と超過達成を果たしている。現状のところ、計画どおり計画5期目での債務超過解消を見込んでいるが、今後の進捗によっては1年程度債務超過解消が早まることが想定されている。

✓ ［再生した主な要因］
- ・DDS支援によって債務超過解消のメドが立ち、金融機関が積極支援姿勢に転換したことで、必要な設備投資を行うことができたこと。
- ・金融機関の姿勢転換によって、従来は資金繰りに奔走していた社長が新規取引先開拓等に時間を割くことが可能となり、経営改善策を着実

に実行できたこと。

【再生の効果】
・金融支援の結果、事業存続の危機的状況を脱し、収益改善と相まって、資金繰りが安定した。また、地元の未取引金融機関から、新規融資の勧誘も受けており、資金調達面の心配がなくなった。
・技術力に裏付けられた提案型営業の実施により、新規取引先からの受注等が増加した。

【計画策定上の主な論点】
・金融庁の対応の変化により、同一債務者に対する各金融機関の債務者区分が大幅にかい離しているケースも増加しつつある。このようなケースでは、債務者区分・引当状況により経済合理性が異なることから、全行一律にDDSの金融支援を要請しても合意に至ることは困難である。
・また、設備投資の効果が認められ、新規融資を行うことが債権回収上ベターであるとしても、債権放棄・DDS等の金融支援を行うことにはまだアレルギーを有する金融機関は多い。
・本事例はかかる状況に対応するために公的再生支援機関の関与なしで、「役割分担型」の支援を行った事例である。同一債務者に対する目線（債務者区分）は異なっていたとしても、金融機関が連携し、相互の目線を理解していれば、役割分担によって各自が満足できる計画はありうるということをご理解いただけると幸甚である。
・なお、DDS支援の場合と異なり、資金繰り破綻が視野に入っており、緊急にスポンサーへの事業譲渡・会社分割を行わなければならないようなケースにおいては、各債権者による債務者区分の相違が課題となることは少ない。かかるケースにおいては、現在の債務者区分にかかわらず、清算配当との比較によって意思決定可能であるためと思料される。

8 ▶製造業　【債権放棄】
既存の許認可を活かすため、現法人格を残して再生

企業の概要と計画前の状況

【業種】医療用機械器具製造業

【取引金融機関等】都市銀行、地方銀行、信用金庫、信用保証協会、日本公庫

【再生計画前の状況】

・H社は新工場が稼働した直後から為替変動により、海外メーカーとの競争が激化。収支悪化・資金繰り繁忙化を招き、メインバンク主導のもと、公的再生機関関与のもとでリスケ支援を軸とする再生計画を策定した。

・しかしながら、①計画の核であった工場集約が東日本大震災の影響で頓挫したこと、②健康面を理由とした代表者交代により、計画実施は事実上困難となった。かかるなか、設備の維持更新ができず、操業に支障が生じる懸念が大きくなってきたことから、再度、公的再生支援機関に支援要請を行い、抜本策を含む再生計画を策定することとなった。

【業績推移】

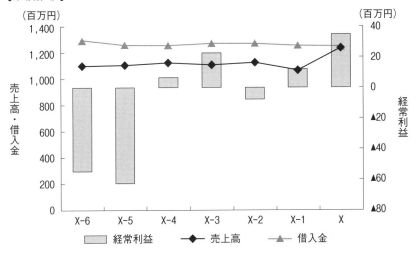

再生計画の内容

【再生スキーム】 債権放棄

【スキームの概要】

① 既存株式を無償で取得し消却したうえで、スポンサーが40百万円を出資し、子会社化する。

② スポンサーからの借入れ400百万円を原資に継続保有物件の時価および非保全債権の一部に係る弁済を実施する。

③ 売却予定物件の売却完了後、過剰債務となる部分の債権放棄を実施する。

【スキーム図】

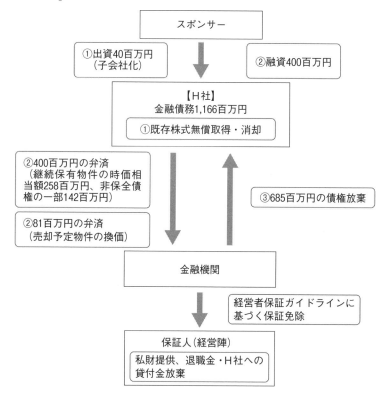

【金融支援の内容】

① 金融機関借入れ1,166百万円のうち、スポンサーからの借入金400百万円を原資として、継続保有物件の時価相当額258百万円および非保全債権の一部142百万円の弁済を実施。

② 売却予定物件を81百万円（見込み）で売却し、残る借入金685百万円（見込み）を債権放棄する。なお、債権放棄額は売却予定物件の売却金額により変動するため、金融機関は全物件売却完了後に残存する貸付金全額について債権放棄を実施する。

各金融機関の金融支援の内容

(単位:百万円)

	計画前借入残高(A)	保全金額(B)	非保全金額		少額債権者保護弁済後(C)		第1回弁済((C)の弁済を含む)	第2回弁済	債権放棄額(D)		非保全カット率
A行	450.9	39.0	52%	411.9	55%	403.9	48.4	44.9	48%	330.3	78.9%
B行	259.4	89.0	21%	170.4	22%	162.4	24.2	18.0	23%	154.9	78.9%
C行	86.9	24.0	8%	62.9	8%	54.9	13.5	6.1	7%	50.5	78.9%
その他計	368.8	216.6	19%	152.2	15%	107.0	55.9	11.8	22%	149.5	78.9%
合計	1166.0	368.6	100%	797.4	100%	728.2	142.0	80.8	100%	685.2	78.9%

【経営責任等】

① 現在の役員は経営責任をとり、全員退任。既存株式は消却され、株主責任も全うされる。

② 連帯保証人は私財提供、退職金やH社に対する貸付金を放棄のうえ、「経営者保証ガイドライン」に基づき保証免除を受ける。

【法的整理との比較】

① 今次再生計画による金融機関の回収見込額　481百万円
　　うち担保処分による回収見込額　　　　　81百万円
　　　　スポンサー支援による回収見込額　　400百万円

② 破産した場合の担保処分および清算配当による回収見込額　280百万円
　　うち別除権(特定価格)　　　　　280百万円
　　　　一般債権配当　　　　　　　なし
　　　　(予想破産配当率　　0%)

再生計画の検討

私的整理に関するガイドライン等による事業再生の考え方をふまえて、今次再生計画のチェックポイントを検討する。

① 金融支援の必要性
　✓ 地域でも有数の設備と技術力をもつ企業であるが、多額の債務超過(▲800百万円)に陥っている。操業継続のためには多額の設備投資・

補修を行う必要があるが、金融機関からの借入調達は困難な状況にあり、現状のままでは今後経営破綻に至る可能性が高い。

② 透明性
- ✓ 公的再生支援機関の関与のもとで再生計画を策定している。
- ✓ 財務面および事業面については、専門家が実態調査を行い、財務DDおよび事業DDを提出している。

③ 衡平性
- ✓ 債権放棄金額は、非保全額8百万円までの部分を少額債権者保護として控除したうえで一律非保全シェアにより配分されている。
- ✓ 弁済は、スポンサー借入れおよび担保処分代金による一括弁済。

④ 経営責任等
- ✓ 現在の役員はすべて退任。連帯保証人は私財提供・退職金およびH社に対する貸付金は放棄しており、責任は全うされている。
- ✓ 金融支援前資本金は100%減資する。今次計画により、スポンサー等が増資する。

⑤ 実現可能性
- ✓ 大手企業の連合体がスポンサーとなり、資金支援により継続保有資産部分と非保全弁済部分を一括弁済する内容であり、実現可能性は認められる。
- ✓ ［支援スキームに係る検証］
  ・以前に策定された再生計画では、自主再建を指向し、今後の収益で設備投資をまかなう内容となっていた。東日本大震災等の状況変化により、今後の設備投資資金を自力で調達することは不可能と判断されたため、今回はスポンサー型のスキームを採用しており、妥当な内容とみられる。

⑥ 経済合理性
- ✓ ［法的整理との比較］
  今次再生計画による回収見込額481百万円は、破産した場合の回収

見込額280百万円を上回っている。
⑦　政策性
　✓　H社は東日本大震災による被災地域を含む過疎地域に140名以上の従業員を雇用していることに加えて、技術面の優位性から多くの海外企業とも取引しており、地域活性化への貢献は大きい。

【再生計画の進捗状況】
✓　［業況の推移］
　　スポンサーによる一括弁済を受け、取引途絶となっていることから事後の業況については不詳である。事後処理を行った代理人弁護士へのヒアリングによると、スポンサー支援により事業は順調に回復しているとのことである。
✓　［再生した主な要因］
　・経営陣が、スポンサーの傘下に入る決断をできたこと。
　・H社の技術力への評価が高く、今後の潜在成長力を評価したスポンサーから多額の支援を引き出せたこと。
　・海外関係の許認可継承がネックとなったが、この点を解消する再生スキームを構築できたこと。

【再生の効果】
・海外でも高く評価されているH社の生産技術を残すことができた。
・東日本大震災での被災地を含む過疎地域において100名以上の雇用を創出しており、地域雇用と取引関係を維持することができ、地域の活力維持につながった。

【計画策定上の主な論点】
・スポンサー型のスキームでは、税務面の問題から、事業譲渡・会社分割を活用したいわゆる「第二会社方式（実質債権放棄）」を活用することが多いが、今回のケースでは法人格を活かした直接債権放棄を行っている。
・「第二会社方式（実質債権放棄）」を活用しなかった理由は、海外で受けているさまざまな許認可について、新会社に引き継ぐことが困難であったた

めである。国内における許認可については、私的整理をめぐる制度の整備により許認可承継に係る問題は解消されつつあるものの、取引先との関係等から同様の問題が生じる場合には直接債権放棄を検討するケースもありえよう。
・また、直接債権放棄を活用する場合、旧会社の清算のための特別清算手続を介在させないため、信用情報に私的整理の事実をキャッチされることがなく、より匿名性が高いというメリットもある。
・ただし、本事例のスキームにおいては、①平成17年度税制の活用等の債務免除益課税への配慮が必要であり、計画策定がやや煩雑となる、②金融支援額は売却予定資産の売却完了後まで確定しない、③特別清算手続を経ないことから、金融支援に係る損失処理に対する法人税基本通達上の債権者のハードルが上がるといったデメリットもある。ただし、許認可移転の問題や取引先との関係により、第二会社方式による計画策定が困難なケースにおいては有効な処方箋となりうる可能性があるとの判断から本事例を紹介した。
・なお、本事例においては少額債権者が多数存在したことから、非保全残高一定額以下を保護することで、取引14行のうち、金融支援を行う債権者を7行と半数に絞り、全行合意にこぎつけている。

9 ▶製造業　【第二会社方式（実質債権放棄）】
スポンサー型第二会社方式案件を特定調停で迅速に処理し再生

企業の概要と計画前の状況

【業種】プラスチック製品製造業
【取引金融機関等】都市銀行、地方銀行、信用金庫、保証協会、日本公庫、ほか
【再生計画前の状況】
- Ｉ社は、業歴の長いプラスチック製品製造業者。受注増を見込み、400百万円を投資して新工場を建設した直後に、主力受注先が複数購買へ切り替え、見込み違いにより大幅な売上減少・営業利益段階での赤字計上を余儀なくされた。
- Ｉ社ではなんとか自力再建を図るため、新規受注先獲得、人員削減による収支改善を模索したものの、赤字解消には至らなかった。
- この間、業績悪化を理由として金融機関から新規の借入れを行うことはできず、連続赤字による現預金の枯渇により自力再建を断念。スポンサーへの事業譲渡または会社分割を活用した事業再生に舵を切ることとなった。
- その後、スポンサー候補が現れ、計画策定を行うべく公的再生支援機関に支援要請を行ったが、公的再生支援機関は時間的な余裕がないことを理由に採上げに難色を示した。このため、メインバンクおよび弁護士主導で善後策を協議したが、①元利金の返済を停止すれば、ある程度の時間的猶予は見込めること、②裁判所が迅速な処理を約していること、③金融機関の多数はフル保全で実質的な金融支援の当事者は少数であることを勘案し、特定調停による計画合意を目指すこととなった。

【業績推移】

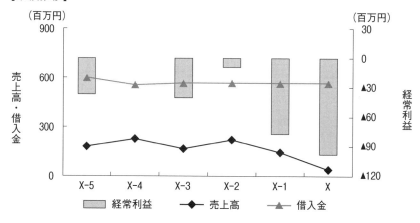

再生計画の内容

【再生スキーム】　第二会社方式（実質債権放棄）

【スキームの概要】

① スポンサー支援のもと設立した新会社にⅠ社の事業・資産すべてを事業譲渡する。

② Ⅰ社は、事業譲渡の対価を原資に金融機関へ弁済後、特別清算手続を申し立て、清算する。

③ 社長・会長は退任。私財提供・退職金およびⅠ社に対する貸付金を放棄のうえ、「経営者保証ガイドライン」に基づき保証免除を受ける。

【スキーム図】

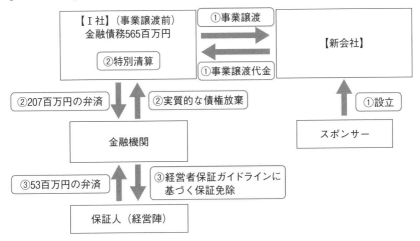

【金融支援の内容】

① 金融機関は貸付金565百万円のうち事業譲渡代金から207百万円、保証人資産から53百万円の弁済を受け、残る305百万円を特別清算手続のなかで実質的な債権放棄を行う。
② 金融支援割合は、非保全残高プロラタとする（非保全弁済率は一律6％）。保証人からの弁済は保証債権残高で按分する。
③ 社長・会長の連帯保証については、「経営者保証ガイドライン」に基づき保証免除する。

各金融機関の金融支援の内容　　　　　　　　　　　　　　　　　　（単位：百万円）

	計画前借入残高(A)	保全金額(B)	非保全金額(C)		実質債権放棄額(D)		保証人弁済後		非保全カット率(D)／(C)
A行	410.3	183.4	59%	226.9	59%	212.6	62%	187.8	93.7%
B行	125.7	0.0	33%	125.7	33%	117.8	31%	94.4	93.7%
C行	28.8	0.0	8%	28.8	8%	27.0	7%	22.3	93.7%
合計	564.8	183.4	100%	381.4	100%	357.4	100%	304.5	93.7%

【経営責任等】
① 社長・会長は、退職金および会社に対する貸付金を放棄し、私財を提供したうえで退任する。
② Ｉ社に残存資産はなく、株式については特別清算手続のなかで無価値化する。

【法的整理との比較】
① 今次再生計画による金融機関の回収見込額　260百万円
　　うち担保処分による回収見込額（特定価格）　　　183百万円
　　　　事業譲渡代金からの回収見込額　　　　　　　 24百万円
　　　　保証人私財からの回収見込額　　　　　　　　 53百万円
② 破産した場合の担保処分および清算配当による回収見込額　236百万円
　　うち別除権（特定価格）　　　　　　　183百万円
　　　　一般債権配当　　　　　　　　　　見込まず
　　　（予想破産配当率　　0％）
　　　　保証人私財からの回収見込額　　　 53百万円

再生計画の検討

私的整理に関するガイドライン等による事業再生の考え方をふまえて、今次再生計画のチェックポイントを検討する。

① 金融支援の必要性
　✓ 資金繰りは逼迫しており、元利金の返済を停止しても6カ月以内に資金繰り破綻することが明らかな状態で、現状のままでは破綻必至の状況である。
② 透　明　性
　✓ 公的再生支援機関の関与はないが、裁判所関与のもと、特定調停手続によって合意形成が図られている。
　✓ 財務面および事業面については、債権者間での事前協議によって、公的再生支援機関関与のもとでの計画策定について経験豊富な専門家を

選任。この専門家が実態調査を行い、財務DDおよび事業DDを提出している。

③ 衡平性
- ✓ 債権放棄額は、非保全残高シェアに基づき各金融機関に配分されている。

④ 経営責任等
- ✓ 窮境原因を招いた社長・会長は退任。あわせて、Ｉ社への貸付金の債権放棄および無償での私財提供を行う。

⑤ 実現可能性
- ✓ 金融機関への弁済は事業譲渡代金を原資に一括弁済されるため、実現可能性は認められる。
- ✓ 実績では償却前営業利益段階で赤字であり、現状を前提とした事業価値は見込まれない。かかるなか、当社の技術力・潜在的な成長力を評価して非保全配当６％を実施可能な事業譲渡対価を引き出したもの。事業譲渡価格は30社以上に打診した結果としての最高値であり、妥当性は認められる。

⑥ 経済合理性
- ✓ ［引継債務の妥当性］

    スポンサーが提示した事業計画からDCF法に基づき、当面５年間のCFを仮に割引率10％で現在価値に置き換え、継続価値を加えて算出したＩ社の事業価値を、今次事業譲渡代金は相当上回っている。

    スポンサー側は、引き継ぐ設備を新規に取得した場合の価値や技術力の将来性を勘案して、各債権者の経済合理性を担保するため、かかる価格を提示したとのことであり、債権者からみて妥当というよりは、むしろ有利な内容と判断される。

- ✓ ［法的整理との比較］

    今次再生計画による回収見込額260百万円は、破産した場合の回収見込額236百万円を上回っている。

なお、今次再生計画において、別除権評価を特定価格としたことについて、当初別除権者から意見はあったが、①別除権評価を正常価格とした場合、非保全債権への配当が困難となり、全行同意が不可能となること、②破綻・競売時には実質的な価値が見込まれない動産について評価しており、実態としては今次計画について同意することが経済合理性はあることを説明し、理解を得ている。

⑦ 政策性
✓ 約30名の従業員全員がいったん退職はするものの、全員が新会社で再雇用される予定であり、雇用を確保する面でも地域への貢献が認められる。

【再生計画の進捗状況】
✓ ［業況の推移］
事業譲渡の対価は一括弁済され、事業譲渡先への債務引受は行っていないため、詳しい状況は不詳であるが、計画に関与した弁護士・FAに確認したところ、事業は順調に継続しているとのことである。

✓ ［再生した主な要因］
・継続して赤字計上を余儀なくされていたため、スポンサー探しについてはI社・債権者とも「可能性は低い」として消極的であったが、「現在の収益力は低くとも技術力・生産設備の潜在可能性が評価される可能性はある」との弁護士・FAのアドバイスに基づき、粘り強くスポンサー探しを行ったことが計画成立につながった。
(後日、スポンサーに対してI社に目を付けた理由をヒアリングしたところ、①設備に魅力があり、同一設備を独自に投資するケースに比べて割安感があったこと、②経営者の管理能力が低く、改善点が豊富にあり伸びしろが大きいと判断したことと述べている。)
・時間的な制約から公的再生支援機関の関与なしで、特定調停において合意形成を図ることに対して、一部債権者から「前例がない」として抵抗があったものの、裁判所の迅速な対応により限られた時間内に合

意形成が図られた。

【計画策定上の主な論点】
・本事例における最大の論点は、特定調停を活用した点である。メイン行・日本公庫とも積極的に特定調停を選択したわけではなく、公的再生支援機関を活用しての計画策定・合意を検討したが、時間的な制約から困難と思われたため、消去法として特定調停を選択したということが実情に近い。なお、本事例における地方裁判所は、特定調停に熱意をもって臨んでおり、迅速な対応を行ってくれた。
・①公的再生支援機関の対応が時間的制約により困難である一方、地方裁判所が特定調停における迅速な対応を約していること、②主要債権者に一定の私的整理の経験があり、ある程度自律的な判断が可能であること、③私的整理に経験の深い専門家（弁護士・公認会計士・中小企業診断士）の参画が見込まれることといった条件がそろえば、特定調停は有効な処方箋となりうる。
・なお、本事例をきっかけとして、当初特定調停に難色を示していた一部債権者が、特定調停積極活用論者に変身したということもあり、食わず嫌いはせず、一度は試してみる価値はあるといえよう。

10 ▶卸売業　【第二会社方式（実質債権放棄）】
DDSによる支援を受けた計画進捗不芳先を経営破綻前に事業譲渡し再生

企業の概要と計画前の状況

【業種】家具資材卸売業

【取引金融機関等】地方銀行、信用金庫、保証協会、日本公庫、ほか

【再生計画前の状況】

- Ｊ社は、家具産地所在の家具資材卸売業者。産地の衰退と、販売先に対するずさんな回収・信用管理が祟り、貸倒れが多発し、収支悪化とともに多額の債務超過に転落した。かかる状況に対応するため、公的再生支援機関関与のもと、早期経営改善特例型DDS240百万円による支援と経営陣の刷新（内部からの登用）および株主の入替え（親族へ譲渡）を軸とした再生計画を策定、全行合意に至った。

- しかしながら、計画合意後に、新社長に予定されていた古参社員が「前経営陣の影響力が完全に排除されておらず、計画達成の自信がない」として社長就任を拒絶。従前の経営陣が続投するという事態となり、経営改善策が実行に移せず計画未達の状況が続いた。

- この間、金融機関サイドで新たな代表者探しやスポンサー探しを行ったが、どの候補も「いっそうの債務縮減が行われない限り関与は困難」として実現には至らなかった。

- このため、Ｊ社とメインバンクが協議し、自力再生は困難と判断。スポンサー型の再生計画策定を企図して公的再生支援機関に対して支援要請を行った。

【業績推移】

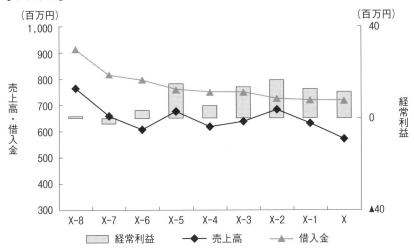

再生計画の内容

【再生スキーム】　第二会社方式（実質債権放棄）

【スキームの概要】

① スポンサーが新会社を設立。金融債務716百万円のうち104百万円については新会社が承継し、事業譲渡の対価により一括弁済する。

② Ｊ社に残存する遊休資産・滞留在庫を換価処分し、101百万円を弁済する。

③ 弁済後にＪ社に残存する金融債務511百万円については、金融機関が特別清算手続のなかで実質的な債権放棄を行う。

④ 経営陣は全員退任。株式については特別清算手続のなかで無価値となる。経営陣の私財は前回計画時に提供ずみであったことから、残存資産がないことの表明保証を行うことを条件に「経営者保証ガイドライン」に基づき保証債務を免除する。

【スキーム図】

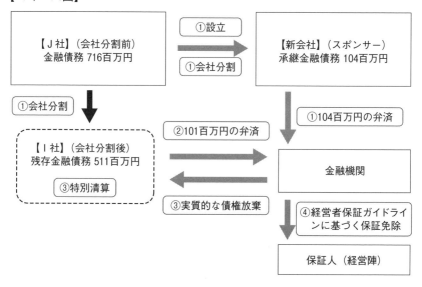

【金融支援の内容】

① 金融機関は金融債務716百万円のうち事業譲渡の対価から104百万円、J社に残存する遊休資産・滞留在庫の処分代金から101百万円の一括弁済を受け、残る511百万円を特別清算手続のなかで放棄する。

② 金融支援の割付けについては、前回計画によって実施している早期経営改善特例型DDSは優先的に債権放棄する。DDSを控除した残額については、非保全残高プロラタで金融支援を行う。

③ 連帯保証人については、すでに前回計画において私財提供を行い、無資力となっていることから、表明保証のうえ、無償で保証免除を行う。

各金融機関の金融支援の内容 (単位：百万円)

	計画前借入残高(A)	DDS除く	保全金額(B)	非保全金額(C)		実質債権放棄額		DDS除く(D)		非保全カット率(DDS除く)(D)／(C)
A行	330.0	214.0	63.7	40%	150.3	45%	227.7	40%	111.7	74.3%
B行	276.9	160.9	20.5	37%	140.4	43%	220.3	37%	104.3	74.3%
C行	14.4	14.4	14.4	0%	0.0	0%	0.0	0%	0.0	0.0%
その他計	94.6	94.6	10.3	23%	84.3	12%	62.6	23%	62.6	74.3%
合計	715.9	483.9	108.9	100%	375.0	100%	510.6	100%	278.6	74.3%

【経営責任等】
① 現経営陣は全員退任。新会社の役員はスポンサーから派遣され、現経営陣は今後の経営にはいっさいタッチしない。私財はすでに前回計画において提供ずみであるが、退職金は放棄する。
② 株式は特別清算手続のなかで無価値化する。

【法的整理との比較】
① 今次再生計画による金融機関の回収見込額　　205百万円
　　うち事業譲渡対価からの回収見込額　　　　104百万円
　　　　遊休資産・滞留在庫からの回収見込額　101百万円
② 破産した場合の担保処分および清算配当による回収見込額　176百万円
　　うち別除権（特定価格）　　　120百万円
　　　　一般債権配当　　　　　　 56百万円

再生計画の検討

　私的整理に関するガイドライン等による事業再生の考え方をふまえて、今次再生計画のチェックポイントを検討する。
① 金融支援の必要性
　✓ 前回計画後も金融機関が元金返済ストップによる支援を継続していることからなんとか資金繰りは回っているが、約360百万円の債務超過を抱え、債務超過解消・債務弁済のメドはついていない。経営不振を

招いた経営陣が残った状況では抜本的な経営改善の見込みはなく、債務縮減を同時に行わない限りスポンサー探しも困難な状況であり、現状のままでは中・長期的には経営破綻に至る可能性が高いと考えられる。

② 透明性
- ✓ 公的再生支援機関の関与のもとで再生計画を策定している。
- ✓ 財務面および事業面については、専門家が実態調査を行い、財務DDおよび事業DDを提出している。

③ 衡平性
- ✓ 早期経営改善特例型DDSを除く借入金の金融支援率は、全行一律非保全残高の74%となっている。
- ✓ 主要債権者で実施ずみの早期経営改善特例型のDDSを優先的に実質債権放棄の対象とすることには若干の議論はある。しかしながら、2行の融資シェアが85%に達しており、DDS債権を配当に参加させた場合、少額債権者に対する配当が相当程度減少し、破産と比較した優位性（清算価値保証）を担保することが困難となることを勘案すればやむをえない。

④ 経営責任等
- ✓ 社長を含む全役員は退任し、新会社の経営にも関与しない。連帯保証人は無償で保証免除を受けるが、前回計画において、すでに私財提供ずみであることからやむをえない。
- ✓ 株式は特別清算手続のなかで無価値となる。

⑤ 実現可能性
- ✓ 金融機関への弁済は、会社分割により新会社が引き受ける債権は一括弁済であり、実現可能性に問題なし。
- ✓ 遊休資産および滞留在庫に係る弁済は売却後となるが、売却価格は不動産鑑定・財務DDにより保守的に積算されており、多少の変動はあるとしても実現可能性に問題なし。

⑥ 経済合理性
- ✓ ［事業譲渡対価の合理性］

今次計画においては、スポンサーからは弁済金額の提示はあったものの、事業譲渡後の事業計画については明示されていない。このため、成行きベースの予想キャッシュフローから、DCF法により事業価値を算出、検証を行った（割引率10％）。

譲渡対象事業の事業価値 （単位：百万円）

	1期目	2期目	3期目	4期目	5期目	TV（注2）	合計
FCF（注1）	10	10	10	10	10	102	
現価係数（注3）	0.909	0.826	0.751	0.683	0.621	0.621	
現在価値（FCF×現価係数）	9	8	8	7	6	63	101

（注1） FCF：フリーキャッシュフロー。
FCF＝償却前経常利益＋支払利息－受取利息－税金－運転資本増加額－設備投資額。
（注2） TV：ターミナルバリュー（継続価値）。計画期間後に得られるFCFの現在価値の合計額。計画最終年度のFCFと同額のFCFが続くと仮定する場合には、「TV＝計画最終年度のFCF÷割引率」で計算される。
（注3） 割引率：10％。

　結果として算出された事業価値は101百万円であり、今回受け皿会社に引き継がれ弁済される104百万円はおおむね妥当と判断される。
- ✓ ［法的整理との比較］

今次計画による金融機関貸付金の回収見込額205百万円は、破産の場合の回収見込額176百万円を上回っている。

⑦ 政策性
- ✓ 今回の計画によって従業員20名の雇用が維持される。
- ✓ Ｊ社は地域の地場産業の資材供給に重要な役割を有しており、破綻を回避することで、地域産業活力の維持にも貢献できる。

【計画策定上の主な論点】
- ✓ ［窮境原因の除去について］
    - 本事例もいったん自力再生を指向してDDS（早期経営改善特例型）を行った後、スポンサー型の再生計画（第二会社方式・実質債権放棄）に移行した案件である。
    - 前回計画策定時には、債権者間で社長によるずさんな経営ぶりが問題となってはいたものの、同人が地域における有力者であったことから、まったくの第三者に経営を委ねることについて、債権者間に逡巡があった。このため、新代表者を古参従業員から抜擢、株式は親族に譲渡するかたちでの計画を策定している。いわば「大政奉還」の余地を残すことでなんとか退任を渋る経営者の説得を行ったものである。
    - 妥協的な計画を策定せざるをえなかった点については同情すべき点もあるが、結果的には経営陣・株主間の混乱が続き、経営管理の強化等の経営改善策を実行するには至らなかった。
    - 「形式的に窮境原因となった経営者交代を行っても実質的な影響力を排除できなければ再生は困難」ということは今後の教訓とすべきであろう。
- ✓ ［早期経営改善特例型DDSの取扱いについて］
    - 本事例においても早期経営改善特例型DDSを配当対象とはせずに優先的に債権放棄を行うこととしている。本事例においては、少額債権者の配当維持のため、劣後化させたという点も大きいが、そもそも準資本型DDSと早期経営改善特例型DDSでは同様の扱いとすべきかという点について論じたい。
    - 準資本型DDSも早期経営改善特例型DDSも特約条項上は法的整理における劣後性を定めているのみで、私的整理における劣後性は認めていないという点では同じである。しかしながら、早期経営改善特例型DDSについては、「シニア債権を完済しない限り、期限が到来しない」というかたちでシニア債権と比較した劣後性を明確に定めている。

・この点を勘案すると、早期経営改善特例型DDSについては、債権放棄・債権譲渡（不等価譲渡）等の元金が毀損する再生計画（＝シニア債権が完済することは絶対にない）については劣後扱い（優先的に金融支援）とすることは、一定の蓋然性があるといえよう。

【再生計画の進捗状況】

✓ ［業況の推移］

本計画においては、受け皿会社が承継した既往債権者の借入れは一括弁済され、事後の業況については不詳である。しかしながら、本書の執筆にあたり関係者に確認したところでは問題なく事業継続しているとのことであった。

✓ ［再生した主な要因］

・前回の再生計画が進捗不芳であるという事実をもとに、債権者が連携して地域における有力者であるＪ社経営陣に対して、第三者への事業譲渡と完全な退任を納得させることができたこと。

・債権者が連携してスポンサー・地域再生ファンド等幅広いスポンサー探しを行い、有利な価格での引受先を見つけることができたこと。

【再生の効果】

・資材卸売業者の破綻に伴う産地の混乱を回避できたこと。
・人口減少地域における従業員20名の雇用を確保できたこと。

【参考】早期段階での事業再生事例

▶製造業

経営者に早期の事業再生を促し、資金繰りの安定化につなげた取組み

【はじめに】

　本Partで紹介した10件の事業再生事例を含め、事業再生の局面にある多くの企業は、金融機関からの新規の借入れが困難なため、償還条件の変更（以下、「条件変更」という）による金融支援を受けることでなんとか資金繰りをつけている。条件変更の期間中に収支改善を実現できればよいものの、経営改善が厳しく、借入残高が高止まりすることで経営者は次第に経営改善意欲が薄れ、金融機関にとっても事業再生に向けた道筋を描きにくくなる。その間に、新たな設備投資もできず、競争力を失い、企業体力がいよいよ限界にさしかかり、経営破綻を回避するために抜本的な金融支援を伴う事業再生を行うことになる（図の再生支援のフェーズ）。このフェーズでは、債権カット等の抜本的な金融支援に限られることが多くなり、債務者側も大規模なリストラ等の抜本的な事業再建策が必要となる。リストラにより、従業員の雇用が失われる等を余儀なくされることもある。

　上記よりも早い段階で再生支援に取り組めば、支援方法の選択肢が広がり、再生の可能性が高まることになる。本項においては、このような早期段階（図の早期再生のフェーズ）にある企業の事業再生を支援した事例についての検討のプロセスおよび経営者への説明を含めて紹介する。

図　企業のライフステージに応じた支援方法

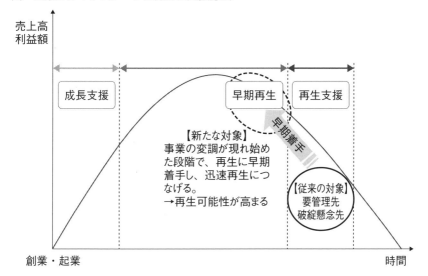

企業の概要と計画前の状況

【業種】自動車部分品・附属品製造業
【取引金融機関等】地方銀行、信用金庫、日本公庫
【再生計画前の状況】
・K社は、自動車および工作機械用部品等の切削加工業者。受注の約8割を占める上場企業のグループ会社からの信頼も厚く、相応の地位を築いていた。
・しかし、主力受注先の海外生産移管および内製化の進行によりX－4期から受注が減少し売上げが低迷。海外現地法人への出資金などによる資金流出で業績・資金繰りが悪化したことから、X－2期から償還条件の変更を余儀なくされていた。
・収支改善を図るために日本公庫の支店（以下、「支店」という）は外部コンサルタントを紹介。当社は、コンサルタントの支援を受け経営改善計画書

を策定し改善施策に取り組んだが、日々の資金繰りに追われるなかで改善は進まず、事業継続のために必要な手形割引、ファクタリング等の金融支援の継続もむずかしい状態となっていた。

【業績推移】

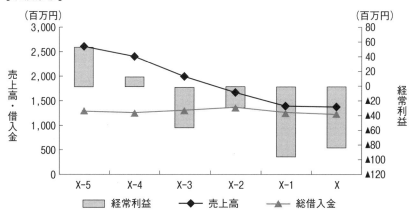

【早期段階で再生支援候補先に選定】

・当社は下請先に多数の地元企業を擁しており、100名超の雇用を抱え地元経済への影響は大きいが、支店としては、このまま条件変更を続けることで設備投資が困難になり競争力を失い、業績悪化に歯止めがかからず経営破綻となることを危惧していた。

・経営破綻となることを防ぐために、支店は収支改善を図るための別の対応策を検討していたが、当社の早期再生を促すべく日本公庫の企業再生支援の専門部署(以下、「企業支援室」という)と連携して対応策を検討することとした。

【検討会の実施】

・早期再生に向けて、支店と企業支援室の間で今後の対応についてどのように進めていくかについて検討会を実施。

・検討会では、まず当社の事業性について目線合わせを行った。当社では、

試作品から大小ロットまで受注の間口が広く、自社設計の治具を使用した一貫生産により加工精度も高い。その技術力が評価され、高い精度が求められる自動車部品に採用され、主力受注先の有力協力工場としての事業基盤を築いており、当社の事業性の高さを評価して早急に再生を図り当社の存続を図るべきとの結論に至った。

・支店としては実現可能性の高い経営改善計画書を策定し、当社の条件変更を継続しながら、外注費や経費削減等を通じた収支改善を図っていく必要があると考えていた。

・企業支援室も同様に実現可能性の高い経営改善計画書の策定が必要と考えるとともに、公的再生支援機関等を交えて手続の透明性・衡平性等を確保しながら金融機関間の合意形成を図り、資金繰りや設備投資が必要となったときの金融支援を得られるようにすべきと支店に助言した。また、計画を再策定したとき、債務超過の解消に長期を要する可能性もあるのでDDS等も視野に入れて対応する必要があることを伝えた。

・もし、現状のまま日々の資金繰りに追われ経営改善策に着手できず条件変更を続ければ、収支は悪化の一途をたどり事業価値が毀損してしまう。その段階で債権カット等の抜本的な金融支援を余儀なくされる可能性が高まり、経営者も多大な経営責任を求められるため、経営者に対して現状をよく説明し、早期の事業再生に向けた認識をもってもらう必要があることで一致した。

【顧客への説明】

・支店と企業支援室が、経営者に対し以下の①～④を中心に実現可能性の高い計画書の再策定や抜本再生等に取り組むことの意義・必要性を丁寧に説明した。

〔経営者に主に説明した点〕

① 足元の収支では計画未達成でこの状況が続けば、今後の事業継続に支障をきたす可能性があること。

② だれを責任者として改善施策に取り組んでいくか、改善施策を反映した

具体的な数値計画を織り込んだ実現可能性の高い計画書を再策定することで当社が目指すべき姿が社内外の関係者に共有できること。

③　収支改善に向けた施策、施策の実施時期、実施責任者等を具体的に定めるとともに、今後の計画に数値として織り込むことで、実効性を高められること。

④　債務超過解消年数等金融機関側からみた達成すべき数値基準があることから、今後実施するデュー・デリジェンス（以下、「DD」という）の結果、抜本的な金融支援が必要になる可能性もあるが、再策定した計画書について債権者間の合意形成が図られれば、今後の資金繰りを懸念せず本業に注力することができること。

〔経営者の反応〕

・経営者としては、収支改善の必要性は感じていたものの、日々の資金繰りに追われ経営改善策になかなか着手できずにいた。一方で、条件変更を続けることで資金繰りは回っており事業継続できると考えおり切迫感は薄れていたが、主力受注先からの受注状況、それに伴う利益の減少、設備投資等の今後の資金調達への影響をあらためて考えると、いずれ事業継続に支障をきたす可能性がある当社の現況を再認識し、今後の対応について了承した。

・その後、公的再生支援機関の関与を受けることになり、再生計画の策定を行うことになった。

再生計画の策定

【再生スキームの検討】

・その後、公的再生支援機関関与のもとDDを実施した結果、債務超過額が増加した。当社が収支改善策に着手した後の収益力を勘案すると自助努力だけでは債務超過解消はむずかしいものの、債権放棄までは必要なく、計画10年目までに債務超過解消を期待できることからDDSの実施による金融支援をスキームとした再生計画を策定した。

【スキームの概要】
① 借入金1,238百万円のうち、520百万円を准資本型DDSに転換する。《金融支援》
② DDSを除く借入金は、毎年の収益等による弁済原資を借入金（DDSを除く）の残高シェアで配分した金額を各行に弁済する（残高プロラタ）。《金融支援》
③ 社長は役員報酬を引き下げる。
④ 事業面では、以下の収支改善に取り組む。

（売上面）
・営業の業務実態把握、営業方法の指導等営業管理体制の強化。
・新規先獲得による主力受注先への受注依存体質からの脱却。
・個別製品の原価計算等を通じた原価構造の把握等による見積り積算方式の見直し。

（経費その他）
・レイアウト改善、プログラミング改善等により生産性改善を図り、残業を削減。
・不要業務の整理および受注状況を勘案し管理職を削減。
・加工数量による定量管理等により消耗工具費用削減。

【経営責任】
・K社の窮境原因は社長にもあるが、現時点で後継者が不在でほかに適任者もおらず、今次計画策定時から経営改善に積極的に取り組んでおり、公的再生支援機関関与後に月次収支で黒字化（X期12月）を果たしていることから、社長は留任する。ただし、役員報酬を削減する。

再生計画の検討

私的整理に関するガイドライン等による事業再生の考え方をふまえて、今次再生計画のチェックポイントを検討する。
① 金融支援の必要性

✓ 収支低調が続くなかで、債務超過となっており、現状のままでは経営破綻に至る可能性が高い。
② 透明性
   ✓ 公的再生支援機関の関与のもとで再生計画を策定している。
   ✓ 財務面および事業面については、専門家が実態調査を行い、財務DDおよび事業DDを提出している。
③ 衡平性
   ✓ 取引金融機関のDDS実施金額は一律、非保全シェアに応じた配分(非保全プロラタ)となっている。
   ✓ DDSを除く借入金の弁済は、残高プロラタとなっている。

各金融機関の金融支援の内容　　　　　　　　　　　(単位：百万円)

	計画前借入残高 (A)	保全金額 (B)	非保全金額 (C) = (A) − (B)		DDS金額 (D)		非保全支援率 (D)／(C)	DDSを除く借入金 (E) = (A) − (D)
A行	581	78	48.6%	503	48.6%	253	50%	328
B行	442	100	33.0%	342	33.0%	172	50%	270
C行	215	25	18.4%	190	18.4%	95	50%	120
D行	150	0	14.5%	150	14.5%	75	50%	75
合計	1,238	203	100.0%	1,035	100.0%	520	50%	718

④ 経営責任
   ✓ 社長については、現時点で後継者が不在でほかに適任者もいないことから留任する。ただし、役員報酬を削減する。
⑤ 実現可能性
   ✓ 今次再生計画は、外部環境や取組事項に基づき、部門別、顧客別に当面の売上予測を基に算出されており、経費面については、人件費、消耗工具等の削減を中心に織り込んだもので相応の確実性が見込まれる。
⑥ 経済合理性
   ✓ [DDS実施による債務者区分ランクアップの検討]

- 経常利益は計画1期目から黒字化の見込み。
- 実態自己資本金額は、計画前▲660百万円であったが、DDSにより520百万円縮小し、計画実施時点で▲140百万円となる。計画期間の経営改善により計画7年目には債務超過を解消する見込み。
- 借入残高は計画前1,238百万円であったが、DDS実施金額520百万円を控除すると718百万円となり、計画期間中の弁済により計画10年目には398百万円となる見込み。この結果、計画10年目の借入金のキャッシュフロー倍率(債務償還年数)は、7.9倍となる。
- 以上から、今次計画は、「合実計画の数値基準」である計画3年目までに経常黒字化、計画10年目までに債務超過解消、債務超過解消時点のキャッシュフロー倍率10倍以内を満たしており、再生計画策定によるランクアップを検討することが可能と考えられる。

⑦ 政策性
　✓ K社従業員の雇用維持が図られるとともに、K社事業継続により地域活力の維持・活性化への寄与が期待できる。

再生計画の進捗状況

【再生計画の進捗状況】

	計画前 (X期)	直近実績 (計画3年目)
売上高	−	増加
経常利益	赤字	黒字
債務償還年数 (借入金÷償却前経常利益)	100年以上	8年
実態自己資本	▲債務超過	▲債務超過

- 営業努力等により3期ぶりに売上高が増加。改善施策を着実に実行し、経費削減も進展し計画上振れ。

【再生した主な要因】
- 主力受注先1社依存体制からの脱却を目指し、他の取引先との開拓を進め

ることができた。
・残業管理や商品単位当りの利益管理も適切に実施。

【再生の効果】
・計画策定後の業況は好調に推移しており、償却前経常利益は計画比約2倍となっている。
・実現可能性の高い経営改善計画書を策定し、各行がDDSを実施したことで財務状況が改善し、メイン行はファクタリング枠の維持および設備資金の支援を表明しており金融支援体制が整い、資金繰りの安定につながった。経営者は本業の経営改善に注力することができ、経営改善意欲が高まった。
・改善施策については、フォローアップをしっかり行うことで成果を振り返り、PDCAサイクルを回すことが習慣となり施策の実行速度・レベルが上昇した。
・経営者からは「早い段階で経営改善計画書の再策定に取り組み、金融機関の合意を得て、資金繰りのメドを立て、本業の経営改善に取り組むことができたことから、早期に黒字転換することができ、足元では大幅な業績改善を果たしている。従業員の雇用を守ることができただけでなく、従業員への賞与支給額の増額も可能な水準に近づいている」との反応があった。
・その後、近時の業況回復を反映して賞与支給額を増額することができ、従業員のモチベーションアップにもつながった。

【早期再生への取組みによる成果】
・条件変更を継続することで金融支援の継続も困難になり、事業継続に支障をきたす可能性があった。支店としては外部専門家を活用した経営改善計画の策定に努めたが業況改善しなかったため、企業支援室と連携し、経営者に対して現状をよく説明し、早期の事業再生に向けた認識をもってもらい、実現可能性の高い再生計画を策定する道筋をつけることができた。
・その結果、初回の条件変更から比較的早い段階で収支改善が図られ、資金繰りの安定につなげることができた。

・金融機関は近時の業況回復を反映してリファイナンスによる正常化も視野に入れており、今後の金融機関取引の正常化が期待される。
・経営者は続投し、従業員の雇用維持も継続でき、K社一丸での事業再生につながった。

【参考】

早期段階での再生支援には公的支援機関でも支援メニューを講じている。そのうち平成29年5月に開始した「認定支援機関による経営改善計画策定支援事業（早期経営改善計画策定支援）」についてその概要を紹介することとしたい。

> 事業の目的・概要
> 　本事業は、資金繰り管理や採算管理など基本的な内容の経営改善の取組を必要とする中小企業・小規模事業者を、中小企業等経営強化法に基づく経営革新等支援機関が支援し、資金実績・計画表やビジネスモデル俯瞰図など、早期の経営改善計画の策定を行い、策定された計画を金融機関（メイン行又は準メイン行）に提出し、当該事業者が自己の経営を見直す契機とすることによって、中小企業・小規模事業者の早期の経営改善・事業再生の取組を促進する。

（出典）　中小企業庁ホームページより引用

金融機関が行う私的整理による事業再生の実務【改訂版】

2019年3月19日　第1刷発行
2021年6月28日　第2刷発行

著　者　日本政策金融公庫
　　　　中小企業事業本部企業支援部
発行者　加　藤　一　浩

〒160-8520　東京都新宿区南元町19
発　行　所　一般社団法人 金融財政事情研究会
企画・制作・販売　株式会社きんざい
　　出 版 部　TEL 03(3355)2251　FAX 03(3357)7416
　　販売受付　TEL 03(3358)2891　FAX 03(3358)0037
　　URL https://www.kinzai.jp/

DTP・校正：株式会社友人社／印刷：三松堂株式会社

・本書の内容の一部あるいは全部を無断で複写・複製・転訳載すること、および磁気または光記録媒体、コンピュータネットワーク上等へ入力することは、法律で認められた場合を除き、著作者および出版社の権利の侵害となります。
・落丁・乱丁本はお取替えいたします。定価はカバーに表示してあります。

ISBN978-4-322-13442-1